Norbert Lewandowski

Genußradeln im Elsaß

Steiger-Radführer

Norbert Lewandowski

Genußradeln im Elsaß

66 Farbabbildungen,
30 Tourenkarten
und eine Übersichtskarte

Steiger-Radführer

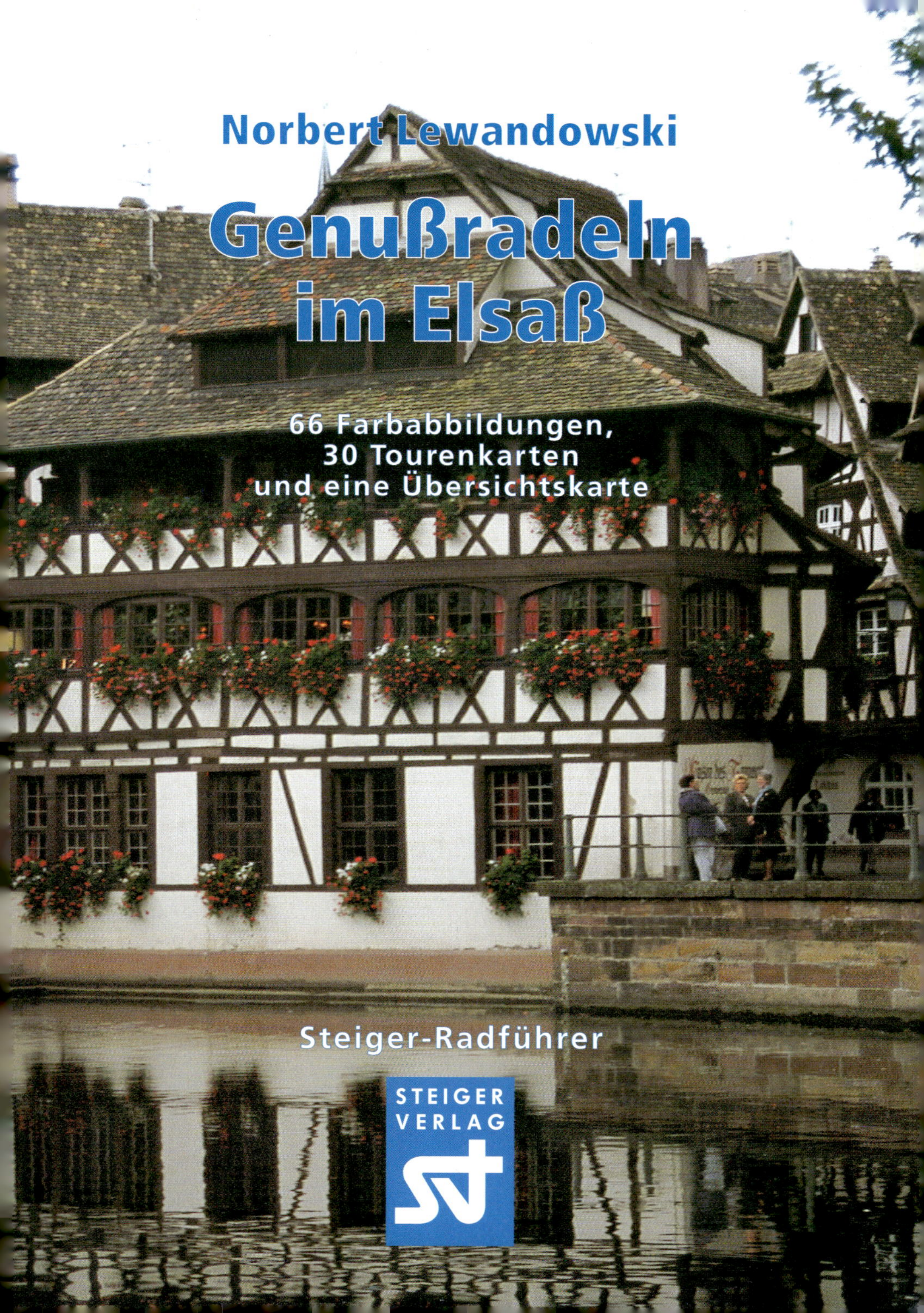

STEIGER VERLAG

Der Autor:
Norbert Lewandowski ist nach verschiedenen Stationen als Redakteur – u.a. bei tz, Rheinischer Post und AZ München – seit mehreren Jahren als freier Autor tätig. Merian, stern, Die Zeit, ADAC special sind einige der Printmedien, für die er heute schreibt. Norbert Lewandowskihat außerdem rund 20 Reisebücher veröffentlicht. Sein Spezialgebiet ist Frankreich und hier vor allem das Elsaß. Die Touren dieses Bands wurden alle aktuell recherchiert und fotografiert.

Die Deutsche Bibliothek – CIP-Einheitsaufnahme

Lewandowski, Norbert:
Genußradeln im Elsaß / Norbert Lewandowski. - Augsburg : Steiger, 1996
(Steiger-Radführer)
ISBN 3-89652-005-9

Gedruckt auf chlorfrei gebleichtem Papier.

Steiger Verlag

Kartenskizzen: Ingenieurbüro für Kartographie Heidi Schmalfuß, München
Umschlaggestaltung: Steinkämper Grafikdesign, Igling
Layoutentwurf: VerlagsService Dr. Helmut Neuberger & Karl Schaumann, Heimstetten
Satz und Layout: Gesetzt aus 9/11 pt Frutinger von Michael Ballermann, Weltbild Verlag, Augsburg
Reproduktion: litoservice, Bozen
Druck und Bindung: Interdruck, Leipzig

Einbandvorderseite: Zellenberg (IFA-Bilderteam, München/Foto: Siebig);
Einbandrückseite: Radfahrer im Elsaß (IFA-Bilderteam, München/Foto: IPP);
Seite 1: Bergbauernhof in den mittleren Vogesen;
Seite 2/3: Straßburg – La Petite France;
Seite 8: Dörfliche Impression im Südelsaß

Printed in Germany

ISBN 3-89652-005-9

Inhalt

Inhalt

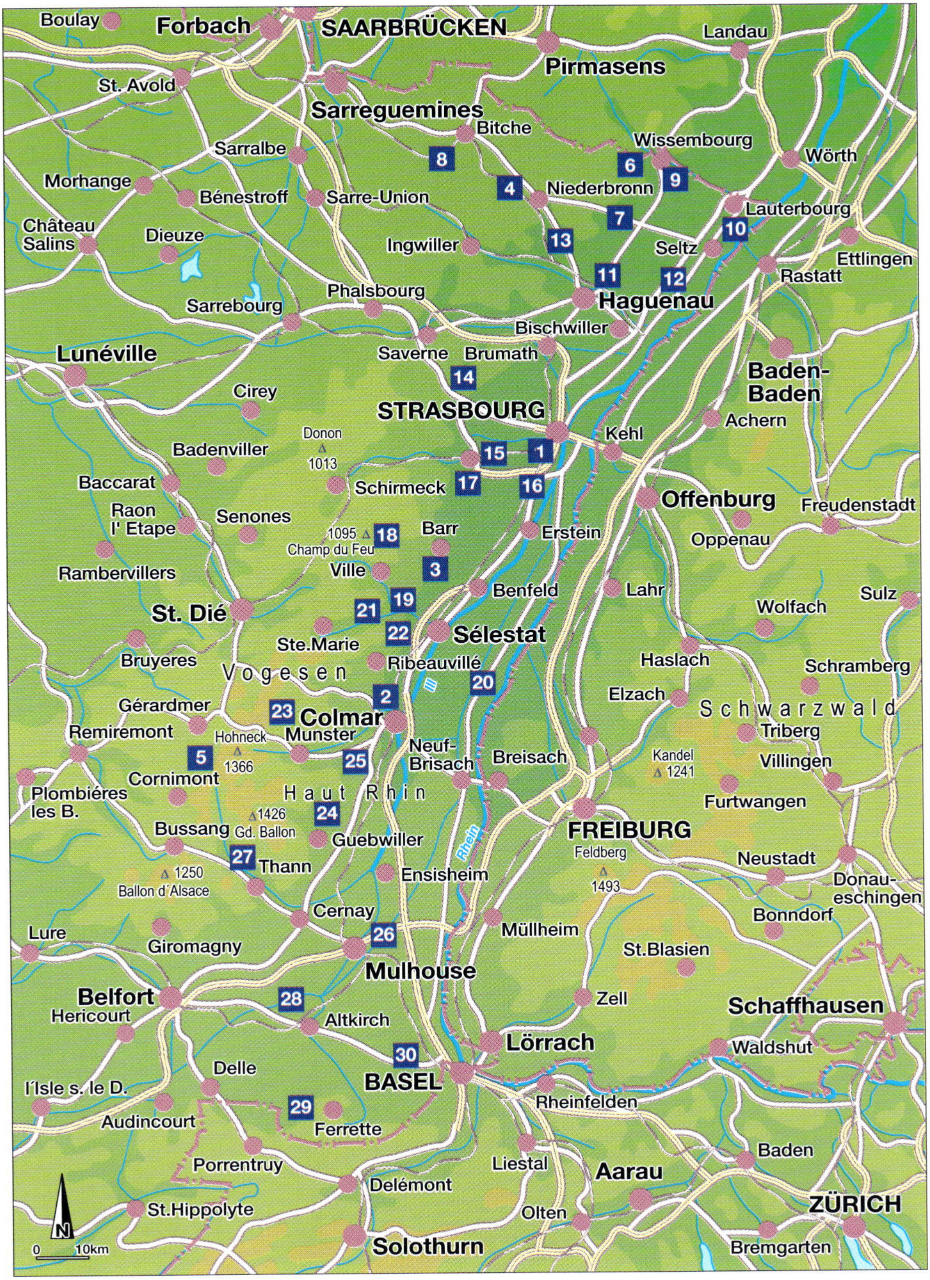
Boulay
Forbach
SAARBRÜCKEN
Landau
Pirmasens
St. Avold
Sarreguemines
Bitche
Sarralbe
Wissembourg
Wörth
Morhange
Bénestroff
Sarre-Union
Niederbronn
Lauterbourg
Château Salins
Dieuze
Ingwiller
Seltz
Ettlingen
Rastatt
Sarrebourg
Phalsbourg
Haguenau
Bischwiller
Lunéville
Saverne
Brumath
Baden-Baden
Cirey
STRASBOURG
Achern
Donon
1013
Kehl
Badenviller
Baccarat
Schirmeck
Offenburg
Freudenstadt
Raon l' Etape
Senones
1095
Champ du Feu
Barr
Erstein
Oppenau
Rambervillers
Ville
Benfeld
Lahr
Sulz
St. Dié
Wolfach
Sélestat
Ste.Marie
Bruyeres
Vogesen
Ribeauvillé
Haslach
Schramberg
Elzach
Gérardmer
Colmar
Schwarzwald
Remiremont
Hohneck
1366
Munster
Triberg
Neuf-Brisach
Breisach
Kandel
1241
Villingen
Cornimont
Plombiéres les B.
Haut Rhin
Furtwangen
1426
Gd. Ballon
Bussang
Guebwiller
FREIBURG
Feldberg
1493
Rhein
Neustadt
1250
Ballon d´Alsace
Thann
Ensisheim
Donau-eschingen
Cernay
Bonndorf
Lure
Giromagny
Müllheim
St.Blasien
Mulhouse
Belfort
Hericourt
Zell
Schaffhausen
Altkirch
Lörrach
Waldshut
Delle
BASEL
I'Isle s. le D.
Rheinfelden
Audincourt
Ferrette
Baden
Porrentruy
Liestal
Aarau
Delémont
ZÜRICH
St.Hippolyte
Olten
Solothurn
Bremgarten
N
0
10km
1
2
3
4
5
6
7
8
9
10
11
12
13
14
15
16
17
18
19
20
21
22
23
24
25
26
27
28
29
30

Einführung

Im Elsaß, so heißt es, sei man dem Himmel ein Stückchen näher als anderswo. Nicht dem heiligen Jenseits, sondern dem Paradies. Dem Paradies der Genießer. Ob sie nun Franzosen sind oder Deutsche oder Schweizer. Im **Kulturland Elsaß** mischt und mischte sich alles – zum guten Geschmack. Frankreichs Sonnenkönig Ludwig XIV. schwärmte vom »Garten Elsaß«. In der Tat hat das Land zwischen **Rhein und Vogesen**, zwischen **Jura und Pfälzerwald** ein höchst *abwechslungsreiches Landschaftsbild*: Die **Bergwelt der Vogesen** und des **Jura**, hinter dem sich die Alpen erheben. Die liebliche Hügellandschaft an der **Weinstraße** mit Rebhängen, **malerischen Dörfern** und zahllosen **Burgruinen**. Das flache Land der Kohl- und Tabakbauern, ihre stillen Gehöfte und Weiler. Und die weitflächige **Auenlandschaft am Rhein** mit Pappel- und Erlenwäldern und verschwiegenen **Seen** und **Altrheinarmen**.
Diese *unterschiedliche Landschaftsstruktur* reizt besonders zum Radfahren. Mit einer Gesamtlänge von 1200 Kilometern hat das Elsaß denn auch das größte Angebot an Radwegen in Frankreich. Es verfügt über ein dichtes, weit verzweigtes Netz von wenig befahrenen Départementstraßen. Wir erreichen die bedeutendsten Sehenswürdigkeiten, aber auch die kleinen Restaurants und Hotels abseits der großen Routen: Geheimtips, die man eigentlich gar nicht so gern verrät.

Kultur im Tourengebiet

Das Elsaß ist eine der bedeutendsten Kulturlandschaften Europas. Hier vermischten sich romanische, alemannische und germanische Einflüsse. Von der romanischen Epoche sind einige herausragende Bauwerke erhalten geblieben, etwa die **karolingische Kirche in Ottmarsheim** (Tour 26), die **Kirche Dompeter in Avolsheim** bei Molsheim (Tour 15) und Teile der **Weißenburger Abtei** (Tour 6) sowie das **Münster** von **Rouffach** (Tour 24). In der Gotik entstanden Sakralbauten, die heute weltberühmte Sehenswürdigkeiten und Wahrzeichen des Elsaß' sind: das **Straßburger Münster** oder das kleinere **Münster von Thann**. Die Konzile von Basel und Konstanz zogen zahlreiche Künstler an; das Gebiet des Oberrheins, vor allem des Elsaß, wurde im 15. und 16. Jahrhundert, zwischen Gotik und Renaissance, eine Hochburg der europäischen Malerei. Grünewald malte den **Isenheimer Altar**, der als einzigartiges Kunstwerk des ausklingenden Mittelalters gilt, zu sehen in Colmar (Route 2). Dort werden auch Werke des zweiten großen Malers und Zeitgenossen Grünewalds, **Martin Schongauer**, ausgestellt. Ende des 17. Jahrhunderts gewann die französische Kunstrichtung immer stärker an Einfluß; **Prestigebauten** in Straßburg und Colmar (Palais und Adelsresidenzen) entstanden, das Rohan-Schloß in Saverne, aber auch **Festungsbauten** des französischen Militärarchitekten Vauban (Straßburg, Neuf-Brisach). Eine neue kulturelle Blüte bescherte dem Elsaß eine Familie, die aus Sachsen eingewandert war. Im 18. Jahrhundert ließen sich die Orgelbauer Silbermann in Straßburg nieder. Andreas und Johann Andreas Silbermann schufen die wohl berühmtesten **Orgeln** der Welt. Die beste Zeit für Radtouren sind der Frühsommer und der Herbst bis Mitte Oktober. Wenn die Natur erwacht oder sich farbenprächtig zum Winterschlaf betten möchte. Dann wird selbst eine schweißtreibende Radtour in diesem Land der Genüsse zum Hochgenuß.

Essen und Trinken im Elsaß

Die **kreative Küche** der Elsässer ist eine glänzende Perle in der französischen Königskrone der Gastronomie. Besonders berühmt sind die deftigen **Elsässer Wurstwaren**, Sülzen und Pasteten, von denen die feinste Weltruhm erlangt hat. Die »*Foie gras*«, die **Gänseleberpastete**, ist ein typische Straßburger Erfindung des 18. Jahrhunderts (siehe Tour 1). Oft wird diese kostbare Delikatesse noch mit Trüffeln veredelt. Weniger bekannt ist, daß das Elsaß zum **Nudelparadies Frankreichs** wurde. Nicht weniger als 42 Sorten werden angeboten.

Eine köstliche Elsässer Brotzeit: Würste, Käse, deftiges Brot, Nüsse, Eßkastanien und eine Flasche Gewürztraminer.

Zu Elsässer Standardgerichten gehören handfeste Fleischgerichte wie Schiffala (geräucherte Schweineschulter), der säuerliche Kalbskopf oder der berühmte Baeckeoffa, ein traditionelles, mächtiges Eintopfgericht mit dicken Schichten von Schweine-, Rind- und Hammelfleisch zwischen Kartoffel- und Gemüselagen. Der Topf kommt für drei Stunden in den Ofen, am besten in den der örtlichen Bäckerei; daher der Name. Eine rustikale Köstlichkeit.

Zu einem typischen **Elsässer Imbiß** gehören unbedingt der Flammkuchen *(Tarte flambée)*, ein dünner Brotteig der mit Quark, Zwiebeln und Speck belegt und gebacken wird, sowie die berühmte Zwiebeltorte mit Sahne und Zwiebeln.

Ohne der deutschen Küche zu nahe treten zu wollen – das beste **Sauerkraut** der Welt wird im Elsaß im Flachland südlich von Straßburg (Route 16) hergestellt. Es wird in reichlich Elsässer Wein zubereitet und mit Bergen von Würsten, Speck, Schinken, Schweinerippchen und Rauchfleisch belegt. Dieses *Choucroute* wird in fast jeder Weinstube serviert, und man muß schon einen Bärenhunger haben, um solche Portionen zu vertilgen. In der gehobenen Gastronomie wird das Choucroute in verfeinerter Form angeboten: mit Entenfleisch, Rebhuhn oder Fasan, oder – in seiner edelsten Form – mit Fisch (Zander), Flußkrebsen und Trüffeln.

Das Lieblingsgeflügel der Elsässer ist das **Hühnchen**, das Küken oder die Poularde. Man bereitet sie in Butter oder Sahne mit Morcheln zu. Oder das Geflügel kommt als eines der beliebtesten Elsässer Gerichte auf den Tisch: *Coq au Riesling* – Hähnchen in Riesling-Wein.

Bon appétit! Küchenchef Michel Rietsch aus Blaesheim legt ein typisches Choucroute vor - die klassische Sauerkrautplatte.

Die Mahlzeit wird mit einem kräftigen **Käse** abgeschlossen, der ebenfalls Weltruhm erlangt hat: Der »rothäutige« *Munster* stammt aus dem gleichnamigen Tal, wo er im 15. Jahrhundert vermutlich von Mönchen »erfunden« wurde. Küchenphilosophen und Gastro-Feuilletonisten sehen in ihm ein kulinarisches Symbol des Elsaß': riecht deutsch, schmeckt französisch. Zum Munsterkäse paßt am besten ein *Gewürztraminer*. Damit sind wir beim Getränke-Thema angelangt. Auch hier schwelgen Gourmets wie Gourmands in einem Paradies. Das Elsaß ist **Weinland**, wo teilweise Weißweine wachsen, die zu den besten der Welt gehören: Riesling, Gewürztraminer, Muskateller, weiße Burgundersorten. Diese Weine sind überwiegend frisch, fruchtig, von eleganter Struktur und Säure und eignen sich hervorragend als Essensbegleiter. Als einzige Region Frankreichs ist das Elsaß auch **Bierland**. In und um Straßburg sind die bekanntesten **Brauereien** der Grande Nation beheimatet. Und niemand zuckt mit den Augenbrauen, wenn im Restaurant zum Choucroute ein frisches, schäumendes Bier bestellt wird. Auch beim endgültigen Abschluß des Mahls bleiben wir im Elsaß, denn wo sonst werden so ausgezeichnete **Obstschnäpse** aus Kirschen, Mirabellen, Birnen, Quitten, Himbeeren, Pflaumen (Quetsch) etc. gebrannt wie etwa im Weilertal (siehe Tour 18)?

Feste im Elsaß

Besonders gern gegessen und getrunken wird bei herausragenden Festen. Von August bis Oktober ist die **Elsässer Weinstraße** ein einziges Fest. Jedes Dorf, jede Stadt feiert den Wein. Besonders originell: der »Pfifferdai«, das mittelalterliche **Gauklerfest** in der historischen Kulisse von **Ribeauvillé** (Anfang Sept.) oder der farbenprächtige Blumenumzug **Corso Fleuri** von **Sélestat**. Ein genauer Festkalender über alle Festlichkeiten im Land ist bei den Fremdenverkehrsbehörden (siehe Info-Teil, Auskunft, S.124) zu beziehen.

Fröhliche Folkore: Kinder in Elsässer Tracht beim traditionellen Sauerkrautfest in Meistratzheim.

Die Natur

Die Elsässer *Fauna* ist eine typische mitteleuropäische mit großen Beständen von Reh- und Schwarzwild in den Auenwäldern, bei Hagenau und in den Vogesen. Durch den verstärkten Einsatz von chemischen Düngemitteln in der Landwirtschaft gilt im Elsaß das Überleben des Wildhasen als gefährdet. Hingegen haben sich durch die Verbesserung der Wasserqualität des Rheins (und damit auch der Altrheinarme) die Fischbestände erholt. Aal, Hecht, Zander, Karpfen, Schleie und Barsch können wieder gefischt und auch verzehrt werden. Vereinzelt tauchen sogar wieder Lachse im Rhein auf. Besonders beliebt bei Sportfischern ist die Ill, der größte Fluß des Elsaß'. Sein Lauf wurde weitgehend natürlich belassen; das hat sich auch auf die Vielfalt der Fischfauna ausgewirkt. Die klaren Bäche und Seen der **Vogesen** sowie des **Elsässer Jura** sind reich an Forellen. Ein Biotop der ganz besonderen Art ist die **Petite Camargue** am Oberrhein nördlich von Basel. Hier wurde eine *Rheinauenlandschaft* (Tour 30) erhalten, wie es sie an diesem Strom seit Beendigung der Flußregulierung von 1866 nicht mehr gibt. Über 200 *Vogelarten* (unter ihnen auch Eisvögel, Kormorane, Fischreiher) und Reptilien haben in dieser ursprünglichen Landschaft überlebt. Leider droht ihnen nun neue Gefahr durch die zahlreichen Besucher und Wanderfreunde, die vor allem an den Wochenenden in dieses natürliche Idyll pilgern.
Die **Vogesen**, im südlichen Bereich durchaus eine Hochgebirgslandschaft, waren in früheren Jahrhunderten berühmt für ihren Wildreichtum. Sogar Wölfe und Bären kamen hier vor. Der letzte Wolf

Frühling – die schönste Jahreszeit in den Rheinauen. So bunt und malerisch blühen die Wiesen im Elsässer Flachland.

wurde Anfang dieses Jahrhunderts erlegt. Durch die Wintersporterschließung in den Höhenlagen wurden die Lebensräume von zahlreichen Tieren arg eingeengt. Doch auch hier zeichnet sich in jüngster Zeit eine Besserung ab. Hirsch, Mufflon, Gemsen, aber auch Edelmarder, Wildkatze und Uhu sind in den Vogesen wieder heimisch geworden. In den letzten Jahren wurden auch etliche Luchse ausgesetzt, was allerdings zwischen Bevölkerung, Jägerschaft und Naturschützern zu erregten Debatten führte.

Ein Tier spielt im Elsaß eine Sonderrolle: der Storch. Er wurde zum Symbol des Landes, weil er in nahezu jedem Dorf präsent war. In den siebziger Jahren fiel dann einigen Elsässern auf, daß ihr liebster Vogel nicht mehr auf Hausdächern und Kirchtürmen nistete. 1974 wurden nur noch neun Storchenpaare gezählt. Der große Vogel, der nur im Märchen Frösche verzehrt, sonst aber viel lieber Mäuse, Regenwürmer und Käfer, hatte durch den massiven landwirtschaftlichen Einsatz von Dünge- und Pflanzenschutzmittel seine natürliche Nahrung verloren. Außerdem überlebten viele Störche ihre Winterflüge nach Westafrika und zurück nicht oder verendeten in den zahlreichen Überlandleitungen. Also begann im Elsaß das »Notprogramm Storch«. Etliche Tiere wurden in Aufzuchtstationen gehalten, mit rohem Fisch und Fleisch gefüttert. Sie verbrachten ihre ersten drei Lebensjahre (ein Storch wird bis zu 25 Jahre alt) in Gefangenschaft; danach hatten sie ihren Zuginstinkt verloren und blieben für immer in ihrer Brutheimat. Das ist zwar Manipulation der Natur, dafür ist der Storch im Elsaß heute keine Seltenheit mehr. Die meisten Tiere bleiben allerdings auf Dauer und müssen im Winter gefüttert werden.

Eine ***außergewöhnliche Flora*** (Pflanzenwelt) haben die **südlichen Vogesen** im Frühling zu bieten: Dann sind die Berghänge, die Weiden und Wiesen vor allem an den Westflanken gelbe ***Blumenmeere***: die Narzissen blühen. In den Höhenlagen bietet sich oft ein seltsames Bild. Die meisten Berggipfel sind kahle runde Kuppen (Ballons), die Baumgrenze liegt schon bei 1200 Metern. Darunter wachsen Erlen, Buchen, Eichen, Eschen, Ulmen, natürlich Fichten und oberhalb der **Weinstraße** Eßkastanien, die vor 2000 Jahren von den ***Römern*** ins Land gebracht wurden. Das heißt jedoch nicht, daß die Bergwelt jenseits der Baumgrenze völlig pflanzenlos ist. Am **Hohneck** wurde ein großer **Hochgebirgsgarten** angelegt, in dem zum Beispiel auch exotische Blumen, Sträucher und Gräser aus den Alpen, Anden oder dem Himalaya wachsen und gedeihen (Tour 5).

Herbstzeitlose, die typische Blume des Jura. Vorsicht, sie ist giftig!

Geschichtlicher Exkurs

Das Elsaß ist eines der bedeutendsten historischen Zentren in Mitteleuropa. Seine Besiedlung beginnt recht früh. Zwischen 500 und 300 v. Chr. legen die ***Kelten*** in den Vogesen ganze Städte (oppiden) an. Eindrucksvoller Zeuge dieser geheimnisvollen Bautätigkeit ist die gewaltige Heidenmauer am **Mont Ste-.Odile** (siehe Tour 17). 58 v.Chr. erobern ***römische Legionäre*** vom Rhein her das Land. Damit beginnt auch das historische Zeitalter des Elsaß. ***Munatius Plancus***, ein Freund Cäsars, gründet die Colonia raurica, die erste römische Kolonie am Rhein. Die Eroberer bauen Heerstraßen, Kastelle und militärische Lager wie Funde bei Biesheim beweisen (Tour 20). Und sie legen ***erste Weinberge*** an.
Während der Völkerwanderung dringen im 5. Jahrhundert Alemannen ein, danach kommen die fränkischen Merowinger, denen es nach vier großen Invasionswellen gelingt, mit Hilfe christlicher Missionare ein neues Reich aufzubauen. Der Name Elsaß taucht zum ersten Mal gegen 630 mit der Gründung eines Herzogtums auf. ***Fürst Eticho*** regiert in der Gegend des heutigen Obernai, doch 100 Jahre später ist dieses Besitztum wieder verschwunden. Zu Zeiten ***Karls des Großen*** gehört auch das Elsaß zum Machtbereich des Frankenherrschers. Nach seinem Tod wird das riesige Kaiserreich zwischen den Söhnen dreigeteilt. Es kommt 842 zu den Straßburger Eiden: ***Karl der Kahle*** und ***Ludwig der Deutsche*** verbündeten sich gegen ihren Bruder ***Lothar I.*** Dieser Bündnisschwur ist der erste offizielle Text, der in Althochdeutsch und Altfranzösisch abgefaßt ist. Noch im gleichen Jahrhundert (862) übersetzt der Elsässer Mönch ***Otfried von Weißenburg*** das Neue Testament ins Althochdeutsche.

Mächtige Festung der Habsburger: Die Ruine der Hohlandsburg oberhalb von Eguisheim. Sie wird zur Zeit restauriert.

Im 10. Jahrhundert wird das ***Heilige Römische Reich deutscher Nation*** gegründet und das Elsaß 925 mit dem deutschen Königreich vereint. 962 erlangt ***Otto I.*** in Rom die Kaiserwürde; 1048–1054 regiert im Vatikan ***Leo IX.***, ein im Elsaß geborener Papst. Das Kaisergeschlecht der ***Hohenstaufer*** baut, vom Elsaß ausgehend, im 12. Jahrhundert seine Macht aus und gründet neue Reichsstädte wie Hagenau (von ***Friedrich I. Barbarossa***). Etwa 100

Jahre später gelangen die ***Habsburger***, die unter ***Werner von Habsburg*** 1140 Grafen vom Oberelsaß wurden, an die Macht. ***Rudolf von Habsburg*** wird 1273 deutscher König; auch er läßt bedeutende Bauwerke errichten, etwa die Festung **Hohlandsburg**. Schließlich lösen sich die wichtigsten Elsässer Städte aus der Bevormundung der Fürsten. Sie gründen 1354 den ***Städtebund Dekapolis***, dem die zehn wichtigsten Gemeinden des Elsaß' angehören. Bis ins späte Mittelalter wird das Land von einem soliden Wohlstand geprägt. Der Weinhandel floriert, die bürgerlichen Handelsherren gelangen zu Reichtum; die Wasserstraße des Rhein verbindet das Elsaß mit den lukrativen Märkten im Norden Europas. Dieser Wohlstand drückt sich nicht zuletzt durch eine rege ***Bautätigkeit*** aus, die ***Gotik*** erlebt ihre Hochblüte: Die ***Münster*** von Straßburg und Thann entstehen.

Im 15. und 16. Jahrhundert erreicht das Elsaß seinen kulturellen Höhepunkt. Die Erfindung der ***Buchdruckkunst***, die sich sehr rasch am Oberrhein ausbreitet, begünstigt entscheidend die Entwicklung des Humanismus', vornehmlich in Schlettstadt, dem späteren Sélestat. Auch fallen die Thesen ***Martin Luthers*** im Elsaß auf fruchtbaren geistigen Boden. ***Geiler von Kaysersberg*** und ***Martin Bucer*** werden zu leidenschaftlichen Anhängern der ***Reformation***. Über ein Jahrhundert kämpfen beide Konfessionen in Straßburg um die geistliche Vorherrschaft. (Erst 1681 wird das Münster, nun allerdings französisch, unter König ***Ludwig XIV.*** endgültig katholisch.) Während der Reformationswirren sieht auch der unterdrückte Stand der ***Bauern*** eine Chance der Erhebung und Freiheit. Im Elsaß, in Baden und der Pfalz werden ***Bauernheere*** zum Schrecken des Adels und der Kirche. Doch noch im selben Jahr – 1525 – wird der Aufstand blutig niedergeschlagen. Diese politischen Krisen können jedoch der Kunst nichts anhaben. Im Übergang von der Gotik zur ***Renaissance*** entstehen im ganzen Land berühmte öffentliche Gebäude und ***Patrizierhäuser*** im Renaissancestil. Die Malkunst findet ihren absoluten Höhepunkt, als Meister Grünewald den Isenheimer Altar schafft.

Der ***Dreißigjährige Krieg*** (1618–48) beendet diese Hochblüte jäh. Das Elsaß wird dem Erdboden gleichgemacht, seine Bevölkerung durch Söldnerheere, Hunger und Pest dezimiert. Beim ***Westfälischen Frieden*** (1648) nutzt ***Frankreich*** gegenüber dem völlig geschwächten ***Deutschland*** seine stärkere Position und vergrößert sein Staatsgebiet. Das ***habsburgische Oberelsaß*** wird französisch. Bis 1681 hat ***Ludwig XIV.*** das gesamte Elsaß mit Straßburg annektiert – bis auf die Stadt Mülhausen, die sich erst 1798 Frankreich anschließen wird. Nun setzt die ***Gegenreformation*** ein, und in diesem Zug »erobert« der ***Barock*** das Elsaß. Es kommt zur großen Zeit der berühmten ***Orgelbauer*** (Silbermann).

Mit der ***Französischen Revolution*** von 1789 wird das Elsaß endgültig in die französische Nation eingegliedert und das Land in zwei Départements eingeteilt: das südliche Haut-Rhin (Oberrhein) mit der Hauptstadt Colmar, das nördliche Bas-Rhin (Niederrhein) mit der Hauptstadt Straßburg. Diese Gebiets- und Verwaltungsreform hat bis zum heutigen Tag Gültigkeit.

Das 19. Jahrhundert beginnt im Elsaß nach der ***napoleonischen Epoche*** mit einer wirtschaftlichen Krise, die erst ab 1840 überwunden scheint, als mit der Zugverbindung zwischen Straßburg und St. Louis (bei Basel) das ***Eisenbahnzeitalter*** beginnt. Die ***Kanalisation des Rheins*** wird in diesem Jahrhundert abge-

schlossen, ein ***industrieller Aufschwung*** setzt ein, der gleichwohl politisch kaum gesichert ist.
1870 kommt es zum ***Deutsch-Französischen Krieg***, der 1871 mit der Niederlage Frankreichs, der Gründung eines ***deutschen Kaiserreichs***, vor allem aber mit der Abtretung des Elsaß' an Deutschland endet. Diese Annektion läßt nicht den Hauch von Frieden zwischen beiden Nationen aufkommen; das Elsaß wird zum politischen Zankapfel, obwohl sich die Elsässer längst zu Frankreich bekannt haben.
Auch im ***Ersten Weltkrieg*** (1914–18) wird das Land heftig umkämpft; in strategisch unwichtigen Schlachten (z. B. bei Cernay) fallen viele tausend Soldaten.
1919 schließlich kommt das Elsaß durch die ***Versailler Verträge*** an Frankreich zurück, genießt aber einen Sonderstatus, der sich in bestimmten deutschen Sozialgesetzen niederschlägt. 1928 wird mit dem Bau des ***Rheinseitenkanals*** begonnen. Trotzdem kommt die Region nicht zur Ruhe.
Im ***Zweiten Weltkrieg*** besetzen deutsche Truppen 1940–45 das Land; über 100 000 Elsässer fallen als Soldaten der deutschen Wehrmacht; im Konzentrationslager Struthof werden über 10 000 Häftlinge ermordet.
Nach Kriegsende rückt das Elsaß erneut in eine alte historische Rolle; es wird eines der ***Zentren Europas***: 1949 wird der ***Europarat gegründet*** mit Sitz in Straßburg. Diese wichtige politische Bedeutung der Elsässer Metropole erfährt 1958 ihre Bestätigung: Straßburg wird zum Sitz des ***Europäischen Parlaments***. Auch der ***Europäische Gerichtshof für Menschenrechte*** tagt an der Ill.
Damit ist das Elsaß nicht nur der geographische Mittelpunkt, sondern auch der politische Nabel Europas.

1 Straßburg – Stadtrundgang (2 Tage)

Wenn es im Herzen Europas eine europäische Stadt gibt, dann ist es **Straßburg**.
Hier, im ***Schnittpunkt der Kulturen***, mischen sich Mentalitäten und Sprachen zu einem reizvollen und äußerst anziehenden Konglomerat. Die Gemütlichkeit ist alemannisch, sein legendäres ***Savoir vivre*** natürlich französisch. Und die ***Sprache***? Nun, die ist weitgehend Elsässisch: ein alemannischer Dialekt mit französischen und deutschen Einstreuungen. So war Straßburg bereits eine multikulturelle Metropole, lange bevor dieser Begriff aus dem Sprachreservoir moderner Stadtsoziologen überhaupt existierte.
Die ***Geschichte Straßburgs*** begann vor über 2000 Jahren. Römische Truppen hatten aus dem ***Keltendorf Argentoratum*** eine blühende Stadt für 6000 Legionäre gemacht, in der wichtige Heerstraßen aus anderen Regionen zusammenliefen. Diese strategische Bedeutung gab dem Ort später unter ***alemannischer Herrschaft*** auch den Namen: ***Strataburgum*** – Burg der Straßen – Straßburg. Um 500 n. Chr. wurde die Siedlung zum fränkischen ***Bischofssitz*** ernannt. Und 842 schworen ***Karl der Kahle*** und ***Ludwig der Deutsche***, beide Enkel ***Karls des Großen***, in der Stadt den »Straßburger Eid«. Dieses Treuebündnis ging in die europäische Geschichtsschreibung ein, weil es gleichzeitig die älteste Urkunde ist, die in Altdeutsch und Altfranzösisch abgefaßt ist.
Die ***wechselvolle Historie*** begann 925, als Straßburg unter ***Heinrich I.*** dem ***Heiligen Römischen Reich Deutscher Nation*** eingegliedert wurde. 1262 erlangte es als Freie Reichsstadt weitgehende Eigenständigkeit. Sie dauerte bis nach dem ***Dreißigjährigen Krieg***. 1681 besetzten

Truppen des französischen Königs ***Ludwig XIV***. Straßburg, das ein Jahr später Hauptstadt der französischen Provinz Elsaß wurde. Diese vermeintliche Schmach hat man in Deutschland lange nicht vergessen. 1870 wurde Straßburg von deutschen Truppen eingenommen; bereits 1919 war die Stadt nach der Niederlage Deutschlands im ***Ersten Weltkrieg*** wieder französisch. Doch schon 1940 besetzten die Nationalsozialisten Straßburg und das Elsaß erneut, bevor es 1944 endgültig von Frankreich zurückerobert wurde. Nach diesen leidvollen Wechselbädern wandte sich ***Europa*** der Stadt zu. 1949 wurde in Straßburg der ***Europarat*** gegründet, dem alle westeuropäischen Staaten angehören. Inzwischen tagt einmal im Monat das ***Europäische Parlament*** der EU (Europäische Union) im modernistischen ***Palais de l'Europe*** (Avenue de l'Europe). Dann bevölkern weit über 2000 Abgeordnete, EU-Angestellte und Dolmetscher die Stadt und ihre Hotels und Restaurants. Die Sicherheitsvorkehrungen für EU-Parlamentarier, ausländische Politiker und Staatsgäste behindern oft genug Verkehr und normalen Tagesablauf der Stadt, die sich als politischer Nabel Europas versteht. Doch das ist nun mal der Preis des internationalen Flairs, auf das die 430 000 Einwohner von Straßburg und Umgebung trotz aller Unannehmlichkeiten so stolz sind. Übrigens ist der **Europapalast** ein beliebtes Touristenziel. Wer sich etwas ganz besonderes gönnen möchte, sollte die Besichtigung mit einer **Bootsfahrt auf der Ill** verbinden. Die

Idyllisches Straßburg: Im Wasser der Ill spiegeln sich die Fachwerkfassaden des historischen Gerberviertels La Petite France.

Ablegestelle liegt in der Altstadt hinter dem Palais Rohan. Die Bootsfahrt führt durch das malerische Viertel **La Petite France**, vorbei am **Vauban-Wehr** bis zum **Palais de l'Europe**.

Straßburg ist die Stadt der großen Namen. Im ausklingenden ***Mittelalter*** war das kulturelle Zentrum des Elsaß eine der führenden Wirkungsstätten des ***deutschsprachigen Humanismus***. Die Gelehrten ***Johannes Geiler von Kaysersberg*** (1444–1510) und ***Thomas Murner*** (1475–1537) lebten und wirkten hier, auch die Dichter ***Sebastian Brant*** (1458–1521) und ***Johann Fischart*** (1546–90). 1514 schrieb ***Erasmus von Rotterdam*** über Straßburg und seine vergleichsweise liberale Stadtpolitik, die gleichermaßen von ***Handwerkszünften***, ***Adel*** und ***Patriziern*** bestimmt wurde: »Endlich habe ich eine Monarchie ohne Tyrannei gesehen, einen Adel ohne Parteien, eine Demokratie ohne Aufruhr, Reichtum ohne Luxus und Wohlstand ohne Arroganz.«

1434 ließ sich in Straßburg ein politischer Flüchtling aus Mainz nieder. Er gründete mit drei Elsässern einen Verein zur »Ausarbeitung geheimer Verfahren«. Kurz darauf zerstritten sich die Teilhaber über Anwendung und Nutzen der Erfindung des Mainzers, der 1448 enttäuscht in seine Heimatstadt zurückkehrte. Dort entwickelte er, mittlerweile unbehelligt, sein »geheimes Verfahren« weiter. Es war ***Johannes Gutenberg***, der »Vater« des ***Buchdrucks***, einer revolutionären Erfindung, die Mainz weltberühmt machen sollte. Es hätte ebensogut Straßburg sein können. Noch ein zweites Mal wehte der berühmte Mantel der Geschichte haarscharf an der Stadt vorbei. 1792 komponierte ein gewisser ***Rouget de Lisle*** in Straßburg die neue Nationalhymne des bürgerlichen Frankreich. Sie wurde erstmals von einem Freiwilligen-Bataillon aus Marseille beim Einmarsch in Paris gesungen und fortan ***»Marseillaise«*** genannt, obwohl sie ja eigentlich »Straßbourgeoise« heißen müßte.

Dafür weilte der Abgott der deutschen Dichter und Denker in der Münster-Stadt. Unter »weilen« verstehen wir fleißiges, strebsames Studieren, denn der 20jährige ***»Ioanes Wolfgang Goethe Moeno-Francofurtensis«***, der sich am 18. April 1770 an der juristischen Fakultät der Universität zu Straßburg einschrieb, sollte hier schleunigst seine Studien beenden und mit dem Doktor der Rechte krönen. Goethe wohnte in unmittelbarer Nähe des **Straßburger Münsters** in der Rue-du-Vieux-Marché-aux-Poissons am Alten Fischmarkt in einer Familienpension. Die Abende soll der Studiosus in den zahlreichen Weinstuben des Viertels verbracht haben, denn er hatte ja bereits in seiner Leipziger Zeit in »Auerbachs Keller« eifrig geübt. Die Schwindelgefühle am nächsten Morgen bekämpfte der junge Goethe in der Regel sportiv: Er stieg auf die luftige Aussichtsplattform des Münsters und gab sich der Begeisterung über die Aussicht hin. In Straßburg lernte Goethe den Humanisten ***Johann Gottfried Herder*** kennen, was angeblich einen folgenreichen Einfluß auf die deutsche Literaturgeschichte hatte. Die Geistesarbeit wurde mit abendlichen Tischgesellschaften kompensiert. Dabei lernte das angehende Dichtergenie über einen Tischgenossen den Sessenheimer Pfarrer ***Johann Jacob Brion*** kennen. Der wiederum hatte zwei reizende Töchterlein, wobei die 18jährige, blondzöpfige ***Friederike*** Goethe besonders beeindruckte. Wir gehen einmal davon aus, daß diese aufregende Liaison rein platonischer Natur war. Trotzdem war Johann Wolfgang derart verwirrt, daß seine Dok-

Wie ein filigranes Gebirge erhebt sich der hochgotische Turm des Straßburger Münsters über die Dächer der Altstadt.

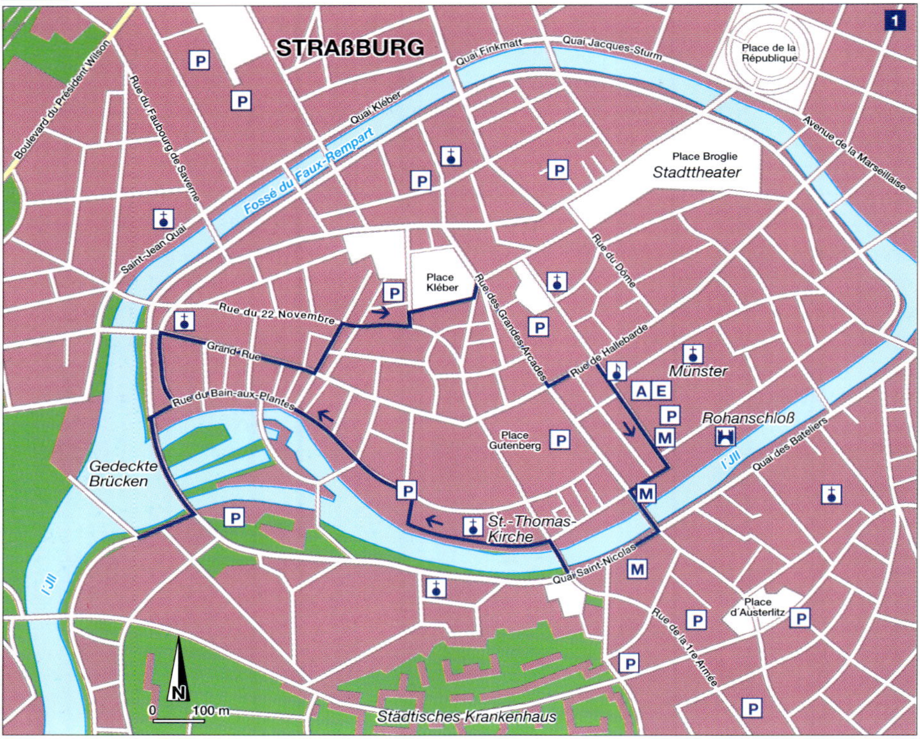

torarbeit über das Kirchenrecht zunächst abgelehnt wurde. Nachdem der Prüfling ein Thesenpapier eingereicht und das anschließende Kolloqium glänzend bestanden hatte, kehrte er im August 1771 Straßburg den Rücken. Mit Doktortitel und waidwundem Herzen. Letzteres hat die folgenden 60 Jahre für die eine oder andere Dame noch mächtig gepocht.

Der Mittelpunkt Straßburgs ist das **Münster**, die **Cathédrale Notre Dame** an der Place de la Cathédrale, die sich wie ein filigranes Gebirge über die schrundigen Dächer der verwinkelten Altstadt erhebt. Der Bau einer ursprünglich frühromanischen Kirche begann bereits 1015 an der Stelle, wo 1000 Jahre zuvor ein römischer ***Herkulestempel*** gestanden hatte. Erst 1439 war der gewaltige Bau des mittlerweile gotischen Gotteshauses vollendet. Ihr bedeutendster Architekt war ***Erwin von Steinebach***. Er hatte die Fassade des Münsters entworfen. Steinebach wollte den Sakralbau ursprünglich mit zwei himmelstürmenden Türmen versehen. Bei seinem Tod im Jahr 1318 war aber nur einer (142 m hoch) fertig. Dabei blieb es dann allerdings auch.

Übrigens hat der junge ***Goethe*** während seiner Straßburger Studienzeit wie besessen nach dem Grab des mittelalterlichen Baumeisters gesucht. 1816 entdeckte einer seiner ehemaligen Kommilitonen Erwins letzte Ruhestätte auf einem kleinen Straßburger Friedhof unter einem Kohlenhaufen.

Unter der Bauleitung von Erwin von Steinebach entstand auch die 16blättrige Rosette in der beeindruckenden und mustergültig restaurierten Fassade. Sie mißt 15 Meter im Durchmesser. Im südlichen Querhaus wurde 1838 die **Astronomische Uhr** aufgestellt, eine beliebte Straßburger Sehenswürdigkeit. Das 18 Meter hohe Gerät kündigt jede Viertelstunde mit zwei Glockenschlägen die volle Stunde symbolisch mit dem Tod an. Beim letzten Schlag wendet in der Löwengalerie ein Engel die Sanduhr. Doch menschlich wie nun mal der Konstrukteur ***Schwilgué*** war, wurde auch die Endgültigkeit des Todes technisch abgemildert. Die Astronomische Uhr geht genau eine halbe Stunde nach. Wenn die Glocke 12 Mal schlägt, ist es bereits 12.30 Uhr.
Zur Besichtigung der Kathedrale gehört unbedingt auch ein Besuch des **Museums »Oeuvre Notre Dame«**, eine herausragende Sammlung der oberrheinischen Kunst des Mittelalters sowie der Renaissance. Unter anderem wird im Erdgeschoß der *Christuskopf von Weißenburg* ausgestellt (um 1070), die älteste *Glasmalerei*, bei der eine Figur dargestellt wird. Die Ausstellung ist in einem Palais neben dem Münster untergebracht. Direkt daneben steht das **Château de Rohan**. Hier residierten die mächtigen Fürstbischöfe aus dem Geschlecht der Rohan. Einer von ihnen war *Louis de Rohan*, ein berüchtigter Lebemann in der Kardinalsrobe. Er hatte 1770 die österreichische Prinzessin *Marie Antoinette*, die mit Frankreichs König *Ludwig XVI.* vermählt wurde, als Braut in Straßburg »in Empfang genommen«. Marie Antoinette hegte zeitlebens eine große Abneigung gegen den Kirchenfürsten. Um sich die Gunst der Königin zu sichern, empfahl Louis' Freundin *Jeanne de la Motte*, Marie Antoinette ein kostbares Collier zu schenken, dessen Preis selbst dem König zu hoch war. Der Kardinal unterschrieb beim Juwelier entsprechende Schuldscheine, während Madame de la Motte das Ablenkungsmanöver ausnutzte und den Schmuck stahl. Als dann die fälligen Wechsel platzten, kam es zur *»Halsbandaffäre«*, die auch die Königin schwer kompromittierte. Jeanne de la Motte wurde öffentlich ausgepeitscht und anschließend gebrandmarkt, bevor sie im Kerker der Salpetrière verschwand. Louis de Rohan wurde ebenfalls festgenommen, vor Gericht jedoch freigesprochen und des Landes verwiesen. Er kehrte später nach Straßburg zurück, weigerte sich aber nach der Revolution, einen Eid auf die neue Republik zu schwören. Er floh über den Rhein ins Badische und starb 1803 in seinem Exil in Ettenheim. Im Château de Rohan (Place du Château) sind gleich drei empfehlenswerte Museen untergebracht: das **Musée Archéologique** (von der Steinzeit bis zu den Merowingern), das **Musée des Arts Décoratifs** (u. a. wertvolle Fayencesammlung) so wie das **Musée des Beaux Arts** (Gemäldesammlung 14.–19. Jh.).
Hinter dem Château de Rohan fließt die Ill. Wir wenden uns nach rechts und spazieren den Fluß entlang bis zur **Pont du Corbeau** (Rabenbrücke). Sie wird im Volksmund auch »Seufzerbrücke« genannt, und mit diesem Namen hat es eine schaurige Bewandtnis. Hier wurden im Mittelalter Ehebrecherinnen sowie Kindes- und Elternmörder in einen Sack eingenäht, in die Ill geworfen und solange untergetaucht, bis sie ertrunken waren. Hinter einem unscheinbaren Eingang jenseits der Pont du Corbeau öffnet sich der malerische **Rabenhof** (Cour du Corbeau), ein Innenhof aus dem 14. Jahrhundert, der von Fachwerkhäusern und offenen Holzgalerien umgeben wird. Der Raben-

hof war ein historischer Gasthof, in dem zahlreiche bedeutende Persönlichkeiten wie Preußens ***König Friedrich der Große*** oder der Polenherrscher ***Johann Kasimir*** logierten. Höchstwahrscheinlich wird demnächst im **Spielzeugmuseum** des Cour du Corbeau die Spielzeugsammlung des weltbekannten Straßburger Karikaturisten und Grafikers Tomi Ungerer ausgestellt. Nur wenige Meter weiter befindet sich am Quai St. Nicolas in drei Fachwerkhäusern das **Musée Alsacien**, eine liebevoll eingerichtete Ausstellung über Elsässer Volkskunst und Brauchtum. Bei der nächsten Brücke wechseln wir wieder an das andere Ill-Ufer und erreichen nach wenigen Minuten die **Kirche St. Thomas** (12. Jh.), eines der schönsten gotischen Gotteshäuser des Elsaß. Seit 1529 ist St. Thomas die evangelische Hauptkirche von Straßburg. Im Gegensatz zu ihrer strengen Fassade ist die Inneneinrichtung ausufernd barock. Hier steht auch das pompöse Grabmal des Marschalls ***Moritz von Sachsen***, eines der Hauptwerke des Bildhauers ***Jean Baptiste Pigalle*** (1714–85). Er hatte das Mausoleum im Auftrag von König ***Ludwig XV.*** errichtet. Der Herrscher wollte damit seinem sächsischen Freund und Vasallen danken, der ihm als französischer Marschall im österreichischen Erbfolgekrieg treue Dienste geleistet hatte. Moritz von Sachsen wurde 1750 in St. Thomas beigesetzt. Zehn Jahre zuvor hatte ***Andreas Silbermann*** die berühmte **Orgel von St. Thomas** gebaut, an der oft auch ***Albert Schweitzer*** musizierte. 1778 gab auch ***Wolfgang Amadeus Mozart*** ein Konzert in der Kirche, deren sakrale Musikveranstaltungen auch heute gerühmt werden (Info über Office du Tourisme).

Wir schlendern weiter, immer an der Ill entlang, und erreichen das pittoreske **Gerberviertel** von Straßburg, ein reizender Stadtteil mit kleinen Flußläufen, Fachwerkhäusern, engen Gassen, zahllosen Kneipen und Weinstuben. Im Mittelalter war es eine der übelsten Ecken der Stadt. Hier hatte die ***Gerberzunft*** ihren Sitz. Es stank nach fauligem Abfall und ätzenden Laugen, die in die Ill gekippt wurden. Durch die finsteren Gassen und ihre Spelunken strich allerlei lichtscheues Gesindel. Im 15. Jahrhundert wurde hier ein Spital gebaut. Zunächst heilten hier vornehmlich die Landsknechte von König ***Charles III.*** ihre Geschlechtskrankheiten aus, die sie sich im Italienfeldzug bei der Eroberung Neapels (1494–95) geholt hatten. Seinerzeit nannte man diese diffizilen Leiden die »französische Krankheit". Und so nannten die schlagfertigen Straßburger dann auch das ganze Viertel; der Name ist bis heute geblieben: **La Petite France** – Klein Frankreich. Die anrüchigen Zeiten sind längst vorüber. Heute ist das renommierte und vorbildlich restaurierte Viertel die gute Stube Straßburgs: sein Schaufenster ins Fachwerkidyll. Besonders beliebt sind die Ansichtskartenmotive in der **Rue-du-Bain-aux-Plantes**. Auf der Nummer 42 ist in einem historischen Fachwerkhaus aus dem 16. Jahrhundert das **Maison des Tanneurs**, auch »Gerwerstub« genannt, untergebracht. Den schönsten Blick auf La Petite France hat man von den **Ponts Couverts**. Die drei mittelalterlichen Brücken überqueren die Arme der Ill. Dazwischen stehen mächtige Vierecktürme. Die Anlage war Teil der Stadtbefestigung Straßburgs. Im Verteidigungsfall konnten von jeder Brücke Fallgitter in die Ill-Arme gesenkt werden, so daß auch auf dem Wasser niemand in die Stadt gelangen konnte. Wir gehen über die drei Übergänge und biegen nach dem letzten Turm nach rechts auf den **Quai de l'Ill** und von dort zur Terrasse des **Vauban-Wehrs**. Die Festungsanlage aus dem 17. Jahrhundert

ist der Rest der gewaltigen Stadtmauer, die der größte militärische Baumeister Frankreichs angelegt hatte. Von hier aus hat man auch den schönsten Blick auf die Ponts Couverts und La Petite France.
Wir gehen den gleichen Weg zurück zum anderen Ill-Ufer, wieder die Rue-du-Bain-aux-Plantes entlang, und erreichen schließlich über die Grand Rue du Fossé des Tanneurs und die Rue du 22 Novembre die weitläufige **Place Kléber**. Dieser prächtige Platz, auf dem sich ein Gutteil des Straßburger Stadtlebens abspielt, ist nach dem Straßburger General ***Jean-Baptiste Kléber*** benannt. Er war militärischer Oberbefehlshaber ***Napoleons*** und wurde 1800 in Kairo ermordet. 1840 wurde die Statue Klébers auf der Place Kléber aufgestellt. Darunter liegt auch das Grab des französischen Nationalhelden. Über die **Rue des Grands Arcades** und die **Place Gutenberg** kehren wir zum Straßburger **Münster** zurück. Zwei historische Gebäude am Münsterplatz gehören zu den bedeutendsten Sehenswürdigkeiten der Stadt: Die **Hirschapotheke** von 1268 an der Ecke Rue Mercière dürfte die älteste Apotheke Frankreichs sein. Und das prachtvolle Fachwerkhaus **Maison Kammerzell** wurde im 15. Jahrhundert von einem wohlhabenden Straßburger Käsehändler gebaut. Die Fassade ist reich verziert. Das Maison Kammerzell dient auch der leiblichen Erbauung. Es beherbergt eine Weinstube sowie ein bekanntes Restaurant für Straßburger Spezialitäten.
Damit wären wir beim Hauptthema, das uns im Zusammenhang mit Straßburg einfällt: Essen und Trinken. Die Hauptstadt des Elsaß gilt als eine der großen ***Schlemmer-Metropolen*** Frankreichs; da ist und bleibt Straßburg durch und durch französisch – c'est tout bon. Alles fing, rein anekdotisch betrachtet, mit einem großen Topf Hirsebrei an. Es ereignete sich im späten 16. Jahrhundert; die Stadt und das Elsaß waren durch die Reformationskriege in zwei Lager gespalten. Da beschlossen 1576 die Stadtväter, ein ***Volksfest mit Preisschießen*** zu veranstalten, um die erhitzten Gemüter wieder zu beruhigen. Geladen wurden nicht nur Elsässer, sondern auch Schwaben, Bayern und Schweizer. Die Zürcher Schützen gewannen den Wettbewerb und kamen zur Siegesfeier mit Ruderbooten. Dabei ließen sie sich etwas besonders einfallen. In der Bootsmitte stand ein riesiger Kessel mit

Maison Kammerzell, eines der Straßburger Wahrzeichen. Das mittelalterliche Fachwerkhaus am Münsterplatz beherbergt ein ausgezeichnetes Restaurant.

Die Rundfahrten mit dem Boot durch Straßburg sind sehr beliebt.

gekochtem Hirsebrei auf heißem Sand. Er sollte in Straßburg ankommen, um zu erkalten. Die Schweizer legten sich mächtig in die Riemen und fuhren über Limmat, Aare und Rhein ins Elsaß. Nach 17 Stunden waren sie in Straßburg, der Brei war noch heiß und wurde beim anschließenden Festmahl verzehrt. So opulent dieses Gericht auch gewesen sein mag, die Straßburger Köche hätten damit später keinen Blumentopf geschweige denn einen Michelin-Stern gewonnen. So hat einer der ihren in weiser Voraussicht die ***Gänseleberpastete*** erfunden, die berühmteste Spezialität aus Straßburg. Sie kann selbst mit Produkten der Pariser Küche mühelos konkurrieren. Pate war der französische ***Marschall von Contades***, der 1762 zum Militärgouverneur des Elsaß ernannt wurde. Er war nicht nur ein schneidiger Offizier, sondern vor allem ein legendärer Feinschmecker, dessen Diners in ganz Frankreich Berühmtheit erlangten. 1778 nahm er den 21jährigen Koch ***Jean-Pierre Clause*** in seine Dienste. Der komponierte anläßlich eines Festmahls eine unübertreffliche Vorspeise: Er hüllte eine fette Gänseleber in fein gehackten Speck und Kalbfleisch, umgab das Ganze mit einem Teigmantel und ließ es goldbraun backen. Die Gäste waren begeistert – und die Straßburger Gänseleberpastete geboren. Jean-Pierre, der 1784 bei seinem Arbeitgeber Contades kündigte und eine Bäckerswitwe heiratete, lebte bis zu seinem Tod im Jahr 1827 vom Verkauf seiner berühmten Pastete. Er hat sich wie kaum ein anderer um die feine französische Küche verdient gemacht. Das Originalrezept hat Clause mit ins Grab genommen, doch seine Nachahmer haben mittlerweile Perfektion erlangt – zu testen etwa im Straßburger Drei-Sterne-Tempel »Le Crocodile«.

Die ***normale Straßburger Küche*** ist freilich rustikaler. Die Elsässer lieben Sauerkrauttorte und Geräuchertes, Würste und Schweinszüngerl, Munsterkäse und Baeckeoffe, ein deftiges Auflaufgericht. Dazu fließt Elsässer Wein – und Bier, denn Straßburg ist die bekannteste ***Brauereistadt*** Frankreichs. Diese Spezialitäten genießt man besten im gemütlichen Ambiente einer der zahlreichen ***Weinstuben*** (Vinstub). Die bekanntesten sind »S'Burjerstuewel«, auch »Chez Yvonne« genannt, oder »Zum Strissel«. Wieder ausgesprochen fein geht's im »Buerehiesel« zu, wo u. a. eine superbe ***Entenleberpastete*** (foie gras de canard) serviert wird. Das »Buerehiesel«, ein altes Bauernhaus mit drei Michelin-Sternen, hat einen sehr angenehmen Vorteil: Es liegt inmitten des **Parc de l'Orangerie**. Man kann nach dem Essen und dem Schock mit der Rechnung spazierengehen und – kostenlos – die Schönheit der Anlage genießen.

Übernachtungen

• *C.I.A.R.U.S.:* das Internationale Jugendzentrum vergibt auch an Individualreisende einige preiswerte Zimmer. 7, rue Finkmatt, Tel. 88 32 12 12;
• *La Cruche d'Or:* kleines, preiswertes Haus im Zentrum, gutes Restaurant. 6, rue de Tonneliers, Tel. 88 32 11 23;
• *Le Gutenberg:* schön restauriertes Gebäude (1745) mitten in der Altstadt, nur wenige Minuten vom Münster entfernt. Mittleres Preisniveau. 31, rue de Serruriers, Tel. 88 32 17 15;
• *Ibis:* Preiswertes Hotel (ohne Restaurant), nur 150 m vom Gerberviertel entfernt. 18, rue fg National, Tel. 88 36 56 95;
• *Jugendherbergen:* 9, rue de l'Auberge de Jeunesse, Montagne Verte, Tel. 88 30 26 46 und im Parc du Rhin (an der Europabrücke) Tel. 88 60 10 20 5;
• *Camping:* Terrain municipal Montagne Verte, 2, rue Robert Forrer, Tel. 88 30 25 46.

Einkehrmöglichkeiten

• *Buerehiesel:* einer der Straßburger-Feinschmecker-Tempel, erstklassige Qualität, hohes Preisniveau (nur mittags etwas günstiger). Mi geschl., Parc de l'Orangerie, Tel. 88 61 62 24;
• *Chez Yvonne:* S'Burjerstuewel ist Straßburgs bekannteste Weinstube mit Elsässer Spezialitäten wie Schweinszüngerl und Sauerkrauttorte. So und Mo (mittags) geschl., 10, rue Sanglier, Tel. 88 32 84 15;
• *Le Crocodile:* Drei-Sterne-Tempel mit berühmter Gänseleber (mit Trüffeln) und noch berühmteren Preisen (mittags etwas günstiger). So und Mo geschl., 10, rue Outre, Tel. 88 32 13 02;
• *Gerwerstub (Maison des Tanneurs):* Berühmtes Elsässer Lokal mitten im historischen Gerberviertel direkt an der Ill. Wird meist von Touristen besucht, daher etwas teurer. So und Mo geschl., 42, rue-du-bain-aux-plantes, Tel. 88 32 79 70;
• *Maison Kammerzell et H. Baumann:* Restaurant und Weinstube in einem der schönsten Fachwerkhäuser Straßburgs, direkt am Münster, tägl. geöffnet. 16, place Cathédrale, Tel. 88 32 42 14 (5 Fremdenzimmer);
• *Le Strissel:* Rustikale Weinstube mit vernünftigen Preisen, So und Mo geschl., 5, place de Grande Boucherie, Tel. 88 32 14 73.

AM ABEND:
• *Le Bouchon:* Schicke Szenekneipe mit Live-Music im Krutenau-Viertel, 6, rue Ste-Cathérine, So geschl.
• *La Choucrouterie:* Der Elsässer Barde Roger Siffer hat in einer ehemaligen Sauerkrautfabrik ein sehr schönes Regionaltheater gegründet, Treffpunkt der Straßburger Kunst- und Musikszene. Restaurant mit Sauerkrautgerichten, Mo geschl. 20, rue St-Louis, Auskunft Tel. 88 36 52 87.
• *Le Chalet:* größte Disko des Elsaß (mit Spielsaal), 376, route de la Wantzenau (Richtung Ortsteil Wantzenau), So und Mo geschl., hoher Eintrittspreis.
• *La Péniche:* Disko auf einem Ill-Schiff, Ponts Couverts, Mo geschl., hoher Eintrittspreis.

Öffnungszeiten

• *Centre Tomi Ungerer:* 7500 Zeichnungen, Plakate und andere Werke. 4, rue de la Haute Montée, nur Do und nach Vereinbarung geöffnet, Tel. 88 32 31 54;
• *Musée Alsacien*, 23, quai St. Nicolas, tägl. außer Di 10–12 und 14–18 Uhr. Okt.–März nur 14–18 Uhr; Musées du Château des Rohan, Place du Quartier Blanc, tägl. außer Di 10–12 und 14–18 Uhr, Okt.–März nur 14–18 Uhr;
• *Musée de L'Oeuvre Notre Dame* (Frauenhausmuseum), 3, place du Château, tägl. außer Di 10–12 und 14–18 Uhr, Juni–Sept. Führungen Mi 20.30 Uhr (etwa 1,5 Std.); Okt.–März nur 14–18 Uhr.

Freizeit/Sport

• *Badelandschaft Océade* mit Wasserrutschen, Wellenbad, drei Freiluftbecken, Minigolf, Sauna, Solarium, Dampfbad, Fitness-Club und Restaurant.
• *Parc du Rhin* (in der Nähe der Europabrücke); Tel. 88 61 92 30;
• Fahrradentdeckungstour (mit Mountainbike): Tour Axe, 5, quai Koch, Tel. 88 36 08 88; Fahrradverleih am Straßburger Hauptbahnhof (gare) bei der SNCF, Tel. 88 32 48 12.

Auskunft

• *Office de Tourisme et Accueil de France*, 17, place de la Cathédrale (Münsterplatz), Tel. 88 52 28 28; place Gare (Bahnhofsplatz), Tel. 88 32 51 49; Pont de l'Europe (Europabrücke an der Grenze zu Kehl), Tel. 88 61 39 23.

2 Colmar – Stadtrundgang (1–2 Tage)

Zu gewissen Zeiten ist die außerordentliche Schönheit Colmars, der Hauptstadt des Oberelsaß (Haut Rhin), kaum mehr erträglich. Dann haben die motorisierten Heere des internationalen Tourismus' Altstadt, Museen und Restaurants gestürmt, und massive Gemütlichkeit tobt durch die Gassen. In allen Ecken und Winkeln surren Tausende von Camcordern; ganz Colmar ist ein einziger Hobbyfilmer-Set. Das geschieht meist an Feiertagen im Frühjahr und Frühsommer sowie zur Hauptferienzeit; wer zu dieser Zeit in diese Falle gerät, ist selbst schuld. Die Schönheit Colmars hat andere Termine – etwa im späteren Herbst – verdient. Erst dann offenbart sie sich in ihrer vollen Blüte. Colmar, rund 80 000 Einwohner, ist trotz seines typischen ***alemannischen Städtebildes*** das französische Zentrum des Elsaß'. Hier regte sich 1871 am deutlichsten der Protest gegen die deutsche Annexion. Auch heutzutage wird von der Colmarer Bevölkerung deutlich weniger deutsch gesprochen als etwa in Straßburg oder Sélestat. Ein Taubenschlag soll der Stadt ihren Namen gegeben haben. Im 9. Jahrhundert wurde die kleine Siedlung an der Lauch, einem Nebenflüßchen der Ill, zum fränkischen Königshof erhoben. In der Mitte des Dorfes erhob sich zum Zeichen seiner Würde ein Festungsturm, auf dem Tauben

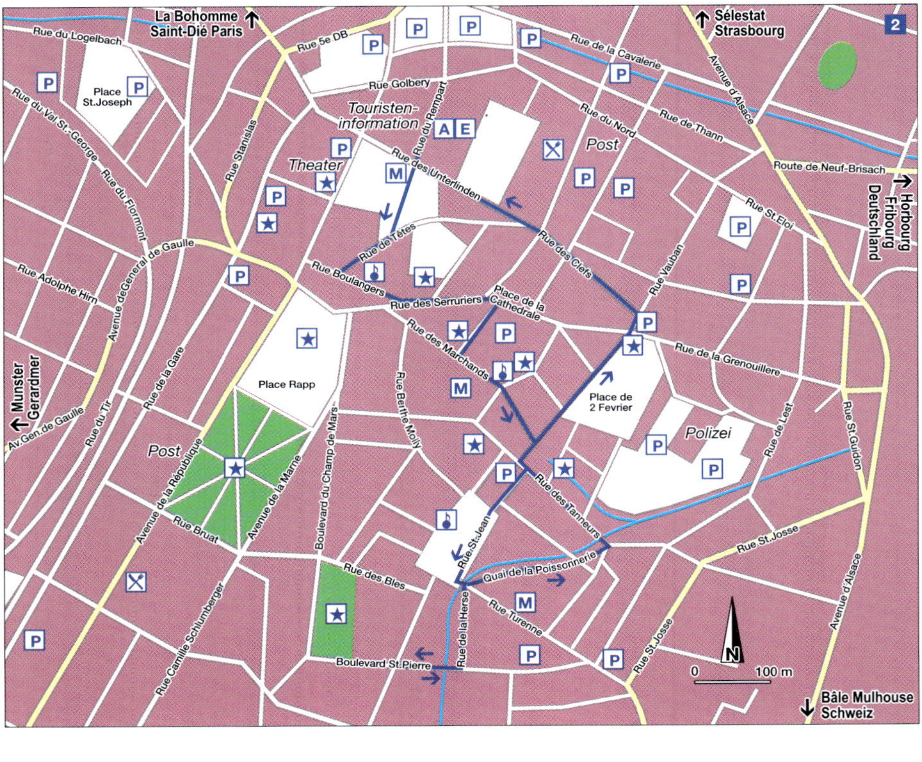

Innenhof und Kreuzgang des Museums Unterlinden.

nisteten. Danach wurde der gesamte Ort genannt: ***Columbarium – Taubenschlag***. Daraus entstand später ***Columbra***, dann Colmar. ***Kaiser Barbarossa*** erhob 1226 die Gemeinde, die bereits seinerzeit von einer Wehrmauer umgeben war, zur ***Freien Reichsstadt*** – und schon begann der Ärger. Der ***Bischof von Straßburg*** peilte voller Neid auf das blühende Städtchen, das er sich liebend gern einverleiben wollte. Die ***Adligen von Colmar*** unterstützten diesen Plan, nur um das verhaßte, bürgerliche Stadtoberhaupt ***Johannes Roesselmann***, Sohn eines Gerbers, loszuwerden. Roesselmann wurde geächtet; er floh 1261 zum späteren deutschen König ***Rudolf von Habsburg***, mit dessen Hilfe er Colmar zurückeroberte. Doch so schnell gaben die Edelleute von Colmar nicht auf. 1262 drang erneut ein bischöfliches Heer in die Stadt, diesmal getarnt mit den Farben der verbündeten Habsburger. Roesselmann durchschaute schnell den Verrat und stellte sich an der Spitze der Bürgerwehr zum Kampf. Die Eindringlinge wurden vernichtend geschlagen, jedoch gab Johannes Roesselmann für die Freiheit der Stadt sein Leben hin.

Ihre Unabhängigkeit war für die Bürger von Colmar wichtiger als Reichtum. Um sich endgültig vor den Straßburger Bischöfen zu schützen, trat die Stadt 1354 dem ***Elsässer Zehnstädtebund*** bei. Als Colmar nach dem ***Dreißigjährigen Krieg*** an Frankreich abgetreten werden sollte, wehrten sich die Bürger ebenfalls leidenschaftlich. Über 100 Jahre hatten sie damit Erfolg; doch 1578 wurde die Stadt französisch. Fast 300 Jahre später traten die Colmarer genauso entschieden gegen die neuen deutschen Landesherren auf. Die Unabhängigkeit ihrer Stadt war für sie Recht und Pflicht zugleich.

In der Folgezeit wurde Colmar ein ***Zentrum des Humanismus***, der ***Reformation*** und der ***schönen Künste***. Die Dichter ***Jörg Vickran*** und ***Gottlieb Pfeffel*** leb-

Colmar am frühen Morgen: Die beste Zeit für einen Spaziergang durch die malerische Altstadt, z.B.

durch die Rue des Marchands.

ten hier, ebenso der Arzt ***Paracelsus*** und ***Voltaire***. Der Maler und Kupferstecher ***Martin Schongauer*** wurde 1450 in Colmar geboren. Seine Werke sind im legendären **Unterlindenmuseum** untergebracht – und damit sind wir bei der ersten Station unseres Rundgangs. Es ist eines der schönsten Museen Frankreichs, entsprechend ist auch der Publikumsandrang. Die Ausstellung an der **Place d'Unterlinden** ist in einem altehrwürdigen **Dominikanerinnenkloster** aus dem 13. Jahrhundert untergebracht. Sein Kreuzgang, in dem die Nonnen meditierten, ist vollständig erhalten. Das Unterlindenmuseum beherbergt neben den Werken Schongauers umfangreiche Gemäldesammlungen, archäologische Funde, Möbel, Kunstschmiedearbeiten und Waffen. Darunter befindet sich auch ein Henkersbeil. Durch dieses schauerliche Werkzeug kam einst der Tyrann ***Peter von Hagenbach*** ums Leben. Der Adlige war ein grausamer Vasall des burgundischen Herzogs ***Karl der Kühne***. Der hatte 1469

Die Kreuzigungstafel des Isenheimer Altars, eines der bedeutendsten Kunstwerke des ausklingenden Mittelalters.

dem verschuldeten Habsburger ***Erzherzog Sigismund*** ein Darlehen bewilligt und als Sicherheit die habsburgischen Besitzungen im Elsaß erhalten. ***Peter von Hagenbach*** verwaltete mit brutaler Härte die Städte Thann, Enisheim, Ferrette und Belfort. Der Terror war so groß, daß der Elsässer Städtebund das Darlehen so schnell wie möglich an den Burgunder zurückzahlte. Trotzdem wollte Hagenbach sein Pfand nicht herausgeben. Da machte der Städtebund kurzen Prozeß mit dem verhaßten Verwalter. Er wurde gefangengenommen und auf dem Markt zu Colmar geköpft.

Seinen Weltruf hat das Musée d'Unterlinden dem Meister ***Mathis Gothart Neithart*** zu verdanken. Er wurde um 1480 in Würzburg geboren und starb 1528 in Halle an der Saale. Zu Lebzeiten nannte er sich ***Mathias Grünewald***, und er schuf für das ***Antoniter-Kloster von Isenheim*** bei Colmar eines der bedeutendsten Kunstwerke des Mittelalters: den **Isenheimer Altar**. Er hat doppelte Flügeltüren, einen geschnitzten Schrein und zeigt in geschlossenem Zustand die Kreuzigung Christi sowie die Heiligen Antonius und Sebastian. Die drastische, fast surrealistische Darstellung sowie die leuchtenden Farben der Bilder haben den Altar zu einem der eindrucksvollsten Werke der abendländischen Kirchenkunst gemacht. Fotos des Altars werden zu günstigen Preisen an der Kasse am Eingang angeboten.

Nach dem Besuch des Unterlindenmuseums biegen wir in die **Rue des Têtes** ein. Das historische Gebäude **Maison des Têtes** mit der Hausnummer 19, eines der meistfotografierten Häuser der Stadt, ist ein prächtiger Renaissance-Bau von 1608. Etwa 100 steinerne Masken schmücken die außergewöhnliche Fassade. Über die **Rue des Boulangers** (Bäckergasse) erreichen wir die **Place des Dominicains**.

Hier steht die frühgotische **Dominikanerkirche**; sie war im Mittelalter das geistige Zentrum der Stadt. In diesem Gotteshaus sind die Sicherheitsbestimmungen besonders streng, denn die Dominikanerkirche birgt den zweiten großen Kunstschatz Colmars. 1473 malte ***Martin Schongauer*** als 28jähriger das Altarbild **Maria im Rosenhag**. Bis 1972 hing dieses Kunstwerk im benachbarten Münster St. Martin. Dann wurde es gestohlen und erst ein Jahr später in Lyon wiedergefunden. Seither wird »Maria im Rosenhag« in der Église des Dominicains in einem offenen Altarschrein am Choreingang ausgestellt.
Nur etwa 100 Meter weiter steht an der **Place de la Cathédrale** das **Martinsmünster** (1237–1366), eine Stiftskirche mit prächtigem Südportal und einem bunt glasiertem Ziegeldach. Ihr Turm wird von einer Renaissancehaube gekrönt, die kurioserweise an einen chinesischen Hut erinnert.
Gegenüber der Kirche befindet sich die **Alte Stadtwache** (Ancien Corps de Garde), ein Renaissance-Gebäude von 1575. Auf dem Balkon wurden früher die Ratsherren von Colmar vereidigt. Links von der Stadtwache steht das **Maison Adolphe**. Es wurde 1350 von einem reichen Colmarer Kaufmann gebaut und gilt als das älteste Wohnhaus der Stadt. Nur wenige Schritte weiter errichtete 1537 der aus Besançon stammende Hutmacher ***Ludwig Scherer*** an der **Rue des Marchands** das wohl schönste Haus von Colmar. Sein Schmuckstück ist ein zweigeschossiger Erker mit Ziegeldach und bemalter Fassade. Das **Maison Pfister** wurde allerdings nach einem Bewohner aus dem 19. Jahrhundert benannt. Im Erdgeschoß wurde übrigens ein hervorragender Weinladen eingerichtet, in dem Weinfreunde und -kenner bestens bedient werden. Die Rue des Marchands dürfte die attraktivste Gasse Colmars sein. Sie wird nahezu ausschließlich von alten Fachwerkhäusern gesäumt, ist aber keine sterile Museumsstraße, sondern ein lebendiges Zentrum mit Restaurants, kleinen Geschäften und Boutiquen. Im Haus Nummer 30 wurde 1834 ***Frédéric Auguste Bartholdi*** geboren, der als französischer Patriot und Bildhauer bekannt wurde. Allein in Colmar hat er zehn öffentliche Brunnen und Standbilder geschaffen. Sein bekanntestes Werk ist die berühmteste und wohl auch größte Plastik der Welt: die ***Freiheitsstatue von New York***. Die Symbolfigur der USA war ein Geschenk Frankreichs; sie wurde durch Spenden finanziert, 1885 in Paris zur Probe aufgebaut und von Rouen nach New York verschifft. Dort standen die Kisten zunächst in Lagerhallen, die New Yorker hatten kein Geld für den Sockel. Erst durch eine erneute Spendenaktion der Zeitung »The World« konnte die Freiheitsstatue aufgestellt werden. Meister Bartholdi hat diesen Triumph noch erlebt. Er starb 1904. In seinem Colmarer Geburtshaus wurde ein Museum eingerichtet, das sich mit der Stadtgeschichte und den Werken des Künstlers befaßt.
Das **Koifhüs** (Ancienne Douane) am Ende der Rue des Marchands (**Place du Marché aux Fruits** – Fruchtmarkt) ist eines der bedeutendsten Baudenkmäler der Stadt. Es wurde um 1480 errichtet und diente den Kaufmannsfamilien als Lager- und Verwaltungsraum. Auf die Waren wurde seinerzeit Zoll erhoben, daher auch der französische Name »Altes Zollhaus«. Darüber hinaus versammelten sich im ersten Stock die Abgesandten des Elsässer Zehnstädtebundes. Noch heute hängen die Wappen im Sitzungssaal, der außerdem für wichtige Gerichtssitzungen genutzt wurde. Heute präsentiert die Stadt im Koifhus (Kaufhaus) Ausstellungen. Wir

Das Colmarer Koifhus und der Schwendi-Brunnen wurden vorbildlich restauriert. Einer der zentralen Punkte der Altstadt.

wenden uns nach rechts und gelangen über die **Rue St. Jean** zur **Place des Six Montagnes Noires**. Dann geht's links über die **Lauchbrücke** ins Viertel **Petite Venise** (Klein-Venedig). Den besten Blick über diesen malerischen Stadtteil hat man von der **Pont-St. Pierre**. Man biegt kurz in die Rue Turenne ein, dann rechts in die kleine Rue de la Herse und erreicht über eine Treppe den Boulevard St. Pierre und die Brücke über die Lauch. Wir gehen den gleichen Weg zurück und erreichen an der Lauch die nach rechts verlaufende **Rue de la Poissonnerie**. Hier haben früher die Fischer ihren Fang in Reusen frischgehalten. Nach etwa 200 Metern biegen wir am **Quai de la Poissonnerie** nach links über die Lauch in die **Rue des Tanneurs**. Sie führt entlang eines kleinen Seitenkanals und ist die Hauptgasse des **Quartier des Tanneurs**. Im ehemaligen Gerberviertel bearbeiteten die Handwerker ihre Tierhäute; die Abfälle wurden in den Wasserlauf geworfen. Angesichts der putzigen Häuschen und blitzsauberen Gassen kann man sich kaum vorstellen, welche ekelerregende Dunstglocke im Mittelalter über diesem heute so idyllischen Viertel hing. Eigentlich sollte dieser Stadtteil in den sechziger Jahren komplett abgerissen werden. Ein kluger Kopf hat die Stadtverwaltung von der Restaurierung überzeugt, und heute ist das ganze Elsaß stolz auf dieses herausragende Beispiel einer besonders gelungenen Altstadtsanierung.

Wir sind auf unserem Rundgang zurückgekommen zum Koifhüs an der **Place de l'Ancienne Douane**. Mitten auf dem Platz steht auf einem Brunnen die **Figur des Lazarus von Schwendi**, ein Werk des Bildhauers *Frédéric Auguste Bartholdi*. Schwendi war Vogt von Kaysersberg. Bei einem Feldzug nach Ungarn soll er die Tokayertraube mitgebracht haben. Das war den Elsässern allemal ein Denkmal wert. Nach einem Drink in einem der zahlreichen Cafés und Bistros des Platzes schlendern wir die **Grand' Rue** entlang, vorbei am **Arkadenhaus** (Maison des Arcades), einem interessanten Renaissancebau (1609) mit Turm und zehn Arkadenbögen. Nebenan steht die ehemalige **Franziskanerkirche St. Matthieu** (14./15. Jh.) mit zwei sehenswerten Glasfenstern. Das Gotteshaus besitzt eine der 34 Orgeln, die der berühmte Meister *Andreas Silbermann* im 18. Jahrhundert gebaut hat. An der hübschen **Place Jeanne d'Arc** biegen wir links in die Fußgängerzone der **Rue des Clefs**, einer beliebten und belebten Einkaufsstraße Colmars: Sie stößt auf den Unterlinden-Platz, den Ausgangspunkt unseres Rundgangs. Colmar ist die Hauptstadt des Elsässer Weins. Hier residierten bereits im Mittelalter die reichen Händler, die ihre Ware in die Niederlande, nach England, Skandinavien, ja sogar bis ins Baltikum und nach Rußland exportierten. Wie alle traditionellen Weinstädte hat auch Colmar eine ausgeprägte Gastronomie, die einfachen wie auch höchsten Ansprüchen genügt. Das beste Restaurant der Stadt dürfte das Lokal von Jean Schillinger in der **Rue Stanislas 16** sein. Hier wird französische Küche auf höchstem Niveau (Spezialität: getrüffelte Gänseleberpastete) zelebriert; daher zwei Michelin-Sterne und entsprechende Preise. Sehr viel rustikaler aber auch preiswerter geht es im »Bartholdi« (Sauerkrautgerichte) und im »Caveau St-Pierre« (idyllisches Restaurant im Viertel Petite Venise) zu. Wer im romantischen Ambiente eines historischen Colmarer Hauses speisen möchte – bitte sehr: Reservieren Sie im »Au Fer Rouge« in der **Grand' Rue** (raffinierte Küche), im Fischlokal »Aux Trois Poissons« (Gerberviertel), im »Pariser Stewwele« oder im »Maison des Têtes«. Ganz typisch für Colmar ist die Weinstube »Chez Hansi« in der **Rue des Marchands**. Dort werden Sauerkrautplatten mit Würsten, Rauchfleisch oder Fisch am laufenden Band serviert. Die Gäste sind überwiegend mehr oder weniger erschöpfte Touristen, die für wenigstens eine Stunde ihre Videokamera beiseite gelegt haben.

Übernachtungen

• *Ibis:* preiswertes Hotel am Rand der Altstadt (in der Nähe der Fußgängerzone). 10, rue St-Eloi, Tel. 89 41 30 14;
• *Rapp:* Hotel in der Nähe der Fußgängerzone, mittleres Preisniveau. 1-5, rue Weinemer, Tel. 89 41 62 10;
• *St. Martin:* komfortables Haus in der Altstadt, trotzdem ruhig gelegen, gehobenes Preisniveau. 38, Grand Rue, Tel. 89 24 11 51.
• *Jugendherberge:* 2, rue Pasteur, Tel. 89 80 57 39.
• *Camping:* Colmar-Horbourg Wihr (an der Ill), Route de Neuf-Brisach (Straße nach Neuf-Brisach), Tel. 89 41 15 94.

Einkehrmöglichkeiten

• *Au Fer Rouge:* Erstklassige Küche in einem romantischen Fachwerkhaus, am Herd steht der Bocuse-Schüler Fulgraff. Angemessene Preise, So (abends) und Mo geschl. 52, Grand Rue, Tel. 89 41 37 24;
• *Aux Trois Poissons:* Fischrestaurant an der Lauch, Di (abends) und Mi geschl., 15, quai Poissonnerie, Tel. 89 41 25 21;
• *Bartholdi:* Sauerkrautspezialitäten (Choucroute) zu vernünftigen Preisen. So und Mo geschl., 2, rue des Boulangers, Tel. 89 41 07 74;
• *Caveau-Saint-Pierre:* Rustikal und günstige Preise, im Petite Venise gelegen. So (abends) und Mo geschl., Tel. 89 41 99 33;
• *Chez Hansi:* Berühmte Weinstube im Fachwerkviertel in der Altstadt. Touristenpreise. Mi (abends) und Do geschl., 23, rue des Marchands, Tel. 89 41 37 84;
• *Jean Schillinger:* Spitzenrestaurant mit dem berühmten Meister Schillinger am Herd, Spitzenpreise. So (abends) und Mo geschl., 16, rue Stanislas, Tel. 89 41 43 17;
• *Maison des Têtes:* gute, nicht ganz billige Küche im berühmten Haus mit den Masken. So (abends) und Mo geschl., 19, rue des Têtes, Tel. 89 24 43 43;
• *S'Pariser Stewwele:* gemütliche Weinstube mit Elsässer Spezialitäten und für Colmarer Verhältnisse günstigen Preisen. Di geschl., 4, place Jeanne d'Arc, Tel. 89 41 42 33.

AM ABEND:
• *Aux Dominicains:* Treffpunkt der Jugend, 1, rue Reiser;
• *Le Gaulois:* Bier-Bar im Schatten des Martinsmünsters, 6, place de la Cathédrale;
• *La Krutenau:* Beliebte Kneipe im Viertel Petite Venise, 1, rue de la Poissonnerie;
• *L'Oeil du Cyclope:* Jazz-Kneipe und Szene-Treff, Di geschl., 19, rue Stanislas.

Öffnungszeiten

• *Musée Bartholdi:* 30, rue des Marchands. Tgl. 10–12 und 14–18 Uhr;
• *Musée d'Unterlinden:* Place d'Unterlinden. April–Okt. tägl. 9–18 Uhr, sonst tägl. (außer Di) 9–12 und 14–17 Uhr.

Radverleih

Am Hauptbahnhof (gare) von Colmar bei der SNCF.

Auskunft

Verkehrsamt, 44, place d'Unterlinden (gegenüber Unterlinden-Museum),Tel.89 20 68 92.

3 Die große Elsaß-Rundfahrt: Colmar – Straßburg

Ausgangsort: *Colmar*
Zielpunkt: *Straßburg*
Gesamttourenlänge: *193 km*
Durchschnittlicher Zeitbedarf: *4–5 Tage*
Etappen: *4*

1. ETAPPE: *Colmar – Kaysersberg – Kientzheim – Riquewihr – Ribeauvillé – Bergheim – Châtenois – Dambach-la-Ville – Ittersviller – Andlau*

Etappenlänge
50 km.

Zeitdauer
ca. 8 Std.

Gelände/Steigungen
Hügeliges Gelände, das schon einige Ausdauer verlangt, bis zu 180 m Höhenunterschiede.

Sehenswertes am Weg
»Die Waffen Frankreichs« – ein Feinschmecker-Lokal in Ammerschwihr, Albert-Schweitzer-Stadt Kaysersberg, Weindorf Riquewihr, Ribeauvillé mit seinen Burgen, Storchenpark bei Hunawihr, Sebastianskapelle bei Dambach-la-Ville, Château Haute Andlau.

Nach dem Stadtrundgang in Colmar verlassen wir die Stadt am nächsten Morgen. Startpunkt ist der Bahnhof. Wir fahren über ausgeschilderte Radwege nach **Ingersheim** und von dort nach **Ammerschwihr**. Von der mittelalterlichen Bausubstanz des Dorfes, das während des letzten Krieges stark zerstört wurde, blieb nur ein Rundturm an der Ortsdurchfahrt übrig. Trotzdem wird Ammerschwihr gern von Fremden besucht – es hat eines der besten Restaurants des Elsaß. »Aux Armes de France«, heißt die exklusive Lokalität, und sie ist längst kein Geheimtip mehr. Die Desserts werden in der ganzen Region gerühmt, die Weinkarte ist phänomenal. Hier wurden schon Staatsgäste verköstigt, und wer bereits in Ammerschwihr nach nur fünf Kilometern und einem ausgedehnten, exzellenten Mittagessen seine körperliche Betätigung für diesen Tag beenden möchte oder gar muß, hat damit auch keine Probleme, denn zum Restaurant gehört ein schönes Hotel mit zehn Zimmern. Wer dieser Versuchung widerstanden hat, radelt 2 Kilometer weiter durch Weingärten nach **Kaysersberg**.

Das Städtchen gehört zu den malerischsten, leider auch zu den meistbesuchten Orten des Elsaß. Kaysersberg war freie Reichsstadt und Mitglied des Elsässer Städtebundes. Von dieser Zeit zeugen noch zahlreiche Wohnhäuser aus dem 15., 16. und 17. Jahrhundert, das **Renaissance-Rathaus** (1604) sowie die 450 Jahre alte **Wehrbrücke** (mit Schießscharten) in der Ortsmitte. Ebenfalls einen Besuch wert ist die **Pfarrkirche St.-Croix**. Der Sakralbau aus dem 15. Jahrhundert hat ein älteres, sehr schönes, **romanisches Portal**. Im Innern steht ein besonders kostbarer **Holzaltar** mit Schnitzereien des Colmarer Künstlers *Hans Bongarz.* Und über dem Ort thront die Ruine der **Kaiserburg**, die der Gemeinde den Namen gegeben hat. Sie wurde im 12. Jahrhundert von Friedrich II. von Hohenstaufen errichtet. Herrlicher Ausblick. Kaysersberg hat einige große Söhne, auf die die Stadt noch heute stolz ist: *Johannes Geiler* (1445–1510), einer der bekanntesten Prediger des Mittelalters wurde hier geboren, ebenso *Matthäus Zell* (1477–1548), der erste Reformator Straßburgs. Der bekannteste Kaysersberger ist der berühmte Urwald-Doktor *Albert Schweitzer* (1875–1965), der im Haus in der Rue-de-Charles-de-Gaulle Nr. 124 zur Welt kam. In seinem Geburts-

haus wurde ein kleines Museum eingerichtet. Kaysersberg ist für seine guten Weine und Obstbrände bekannt. Beides gibt's reichlich – und schon lauert die nächste Verlockung – im Spitzenrestaurent »Le Chambard«, ebenfalls mit Hotel. Weiterfahrt entlang der D 28 nach **Kientzheim**, dem Heimatort des *Lazarus von Schwendi*. Er diente dem Habsburger Kaiser Maximilian als Stadtvogt. Schwendi soll aus Ungarn die *Tokayerrebe* ins Elsaß gebracht haben. Deswegen wird er noch heute verehrt. Sein Grab befindet sich in der Oberkirche. Im **Schwendi-Schloß**, einer umgebauten mittelalterlichen Burg, wurde ein **Weinmuseum** eingerichtet. Außerdem tagt hier die *Confrèrie Saint-Etienne* (Stefanbruderschaft), die streng über die Qualität der Elsässer Weine wacht. Auch hier würde sich eine längere Rast lohnen: Im Schloßkeller lagern etliche tausend Flaschen bester Qualität.

Ein ausgeschilderter Radweg zweigt kurz vor dem Ortsende ab und führt durch die Weinberge nach **Riquewihr**. Diese 3 Kilometer lange Strecke sollten Sie in aller Ruhe genießen, denn Riquewihr hat bei aller Romantik eine solche Beschaulichkeit nicht (mehr) zu bieten. Die »Perle an der Weinstraße« wirkt mit ihren Renaissancebauten und Fachwerkhäusern und mit ihren engen Gassen wie ein Museum. Dieses **mittelalterliche Ambiente** wollen 1,5 Millionen Besucher im Jahr bestaunen. Damit ist Riquewihr einer der meistbesuchten Orte Frankreichs. Unter diesen Umständen ist es schon recht beschwerlich, etwa das durchaus interessante **Heimat-Museum** im 25 m hohen **Dolderturm** zu besuchen oder die **Folterkammer** im **Tour des Voleurs** (Diebesturm). Andererseits hat Riquewihr wirklich so viele Sehenswürdigkeiten zu

Das Albert-Schweitzer-Dorf Kayersberg ist eines der beliebtesten Ausflugsziele an der Elsässer Weinstraße.

Wanderer, kommst du nach Riquewihr... Das berühmte Weindorf hat nicht nur ein historisches Ortsbild zu bieten, sondern auch eine gute Küche und beste Weine.

bieten, daß Enthusiasten diese Beschwernisse geduldig auf sich nehmen. Vielleicht hoffen sie auf ein freies Plätzchen in der »Auberge du Schoenenbourg«, denn das Essen und Rieslinge von Maître Kiener sind ganz ausgezeichnet.

Nächste Station ist **Hunawihr**, ein weiteres Weindorf, das der Schönheit Riquewihrs nur wenig nachsteht. Obwohl die ***heilige Huna*** hier ein großes Wunder vollbracht und Wasser in Wein gewandelt haben soll, ist Hunawihr eine eher stille Gemeinde. Sonst wären wohl auch die Störche, die den **Storchenpark** (Parc des Cigognes) bewohnen, längst umgezogen. Der Storch ist der Symbolvogel des Elsaß. Früher nistete er in jeden Dorf. Dann wurden die Tiere ziemlich selten. Man sperrte die überlebenden Vögel in Volieren. Nach zwei Jahren hatten sie ihren Zuginstinkt verloren und überwinterten auch im Elsaß. So hat der Mensch die Natur überlistet, und etliche Störche bleiben für immer in Hunawihr – freiwillig. Vielleicht sollten wir noch einen kleinen Abstecher ins benachbarte Weindorf **Zellenberg** unternehmen. Dort lockt das sterngekrönte Restaurant »Maximilien« mit einem superben und sogar relativ günstigen Mittagsmenü.

Wir fahren weiter auf der D 18 Richtung Norden nach **Ribeauvillé**. Das historische Städtchen ist ähnlich überlaufen wie Riquewihr, trotzdem sollte man einen kurzen Bummel durch die **Grand' Rue** wagen. Am Marktplatz steht das **Rathaus** (Hôtel de Ville) mit einer Sammlung wertvoller Silberwaren. Nur wenige Meter weiter erhebt sich der **Tour des Bouchers**, der mittelalterliche Metzgerturm, nachdem sich die ebenfalls **malerische Neustadt** anschließt. Ribeauvillé wird von drei Burgen überragt: **Château St. Ulrich**, **Château Girsberg** und **Château du Haut Ribeaupierre**. Alle drei Anlagen stammen größtenteils aus dem 12. Jahrhundert. Die Stadt war einst Sitz derer von Rappoltstein. Das mächtige Grafengeschlecht stellte die »Pfeiferkönige«; sie hatten das Reichslehen über Spielleute und Gaukler inne, d. h. sie entschieden in Streitfällen, waren aber auch für den Schutz der Schausteller zuständig. Einmal im Jahr kamen die Gaukler aus allen Landen nach Ribeauvillé. Seit 600 Jahren feiert die Stadt am ersten Sonntag des Septembers dieses Fest: Pfifferdaa – Pfeifertag. Und dann ist das Städtchen auf alle Fälle einen Besuch wert, obwohl es wirklich aus allen Nähten platzt. Musikanten, Artisten, Feuerschlucker, Bänkelsänger und Jongleure kommen in ihren historischen Kostümen aus dem ganzen Elsaß. Die Winzer schenken kostenlos Weinproben aus. Dann tobt auch in der Wistub (Weinstube) »Pfifferhüs« der Bär. In diesem urigen Lokal werden deftige Spezialitäten und rassiger Weißwein serviert. Sie sollten den Grand Cru-Riesling aus dem

Weingut Trimbach probieren. Er gehört zweifelsohne zu den besten im Land.
Da wir uns dem Thema »Genußradeln« verschrieben haben und das Genießen ebenso wichtig wie das Radeln ist, wartet schon die nächste Versuchung, auch wenn es für die meisten nur eine theoretische ist. Von Ribeauvillé aus erreichen wir bei flotter Fahrt in knapp einer dreiviertel Stunde (es geht leicht bergab!) über die D 106 (unter der N 83 hindurch) und das Dorf Guémar **Illhaeusern**, einen Wallfahrtsort für Feinschmecker: In der »Auberge de Ill«, einem Drei-Sterne-Restaurant, das etliche Experten als das beste der Welt bezeichnen, tischt Paul Haeberlin eine himmlische Küche auf.
Von Ribeauvillé fahren wir auf der D 18 nach **Bergheim** an der Weinstraße. Dieses unverfälschte Weinstädtchen wird noch teilweise von einer **mittelalterlichen Stadtmauer** mit drei Rundtürmen umgeben. In der Nähe der **Haute Porte** (Oberntor) steht eine mächtige **Linde**, die um 1300 gepflanzt wurde. Ein **altes Winzerhaus** lädt zur Einkehr ein. In der »Wistub du Sommelier« werden zu herrlichen Spezialitäten wie Kutteln, Entenbrust und Choucroute beste Elsässer Weine serviert.
Weiterfahrt auf der D 18, dann D 35 über **St. Hippolyte** und **Kintzheim** (Greifvogelschau mit Adlern, Geiern und Falken auf **Burg Kintzheim** sowie der **Affenberg** mit 300 freilaufenden Berberaffen in Montagne des Singes) nach **Châtenois**. Bis ins 12. Jahrhundert hieß die Stadt Castinetum, dann schlicht Kestenholz, weil an seinen Berghängen Edelkastanien wachsen. Die Hauptsehenswürdigkeiten sind die **Pfarrkirche St. Georges** (12. Jh.) mit romanischem Turm und der **Hexenturm** (Tour des Sorcières) aus dem 15. Jahrhundert. Wir fahren weiter auf der Weinstraße (Route du Vin) D 35, überqueren einen Gleiskörper und haben nach etwa einem Kilometer zwei Möglichkeiten: entweder den ausgeschilderten Radweg geradeaus durch die Weinberge, am Tannel-Kreuz vorbei, über Dieffenthal nach **Dambach-la-Ville** oder über die D 35 zunächst nach **Scherviller**, einem hübschen Weindorf am Fuß der Burgen **Ramstein** und **Ortenbourg**. Hier besiegte 1525 der lothringische Herzog Anton in einer blutigen Schlacht die aufständischen Elsässer Bauern. Mitten durch die Weinberge führt ein Passionsweg zur **Ste. Odile-Kapelle** aus dem 12. Jahrhundert. Für den Terminkalender: Am dritten Wochenende im August feiert Scherviller ein bemerkenswertes **Fest des Handwerks**, der Kunst und vor allem des Rieslings.
Nächste Station nach 4,5 Kilometern auf der D 35 ist **Dambach-la-Ville**. Der malerische Ort liegt in einer Talsenke und ist berühmt für seine Weine (Grands Crus classés du Frankenstein). Das Stadtbild wird größtenteils von guterhaltenen, **mittelalterlichen Bauwerken** mit einem herrlichen **Marktplatz** bestimmt. Empfohlen sei ein kleiner Spaziergang durch die Weinberge (Weinlehrpfad) zur **Sebastianskapelle** (Chapelle St. Sébastien) mit ihrem kostbaren Barockaltar aus Holz (17. Jh.). An der Nordseite des Chores steht das **Beinhaus** mit den Skeletten jener aufständischen Bauern, die 1525 bei der Schlacht von Scherviller von den Söldnern des Herzogs von Lothringen erschlagen wurden. Auf einer Tafel wird der Besucher auf französisch und deutsch angesprochen: »Was Ihr seid, sind wir gewesen. Was wir sind, werdet Ihr sein.« Wer danach noch genügend Lebenslust in sich spürt und weitergehen möchte, erreicht nach etwa einer Stunde die romanische **Burgruine Bernstein** (11. Jh.) mit einem mächtigen, fünfeckigen Bergfried und einem Palas, in dem einst die Grafen von Eguisheim hausten. Ein phantastischer

Blick auf Weinberge und Rheinebene belohnt die Mühe. Zurück in Dambach empfiehlt sich ein kleiner Imbiß im Restaurant »Au Raisin d'Or« (Zur goldenen Weintraube), denn das Leben ist zu kostbar und kurz, um schlechten Wein zu trinken. Das zumindest sagt uns der markante Spruch am Beinhaus von St. Sébastien. Nach dieser Stärkung machen wir uns auf zum letzten Teilstück unserer ersten Etappe. Es sind noch etwa 8 Kilometer bis Andlau, ein Dreiviertelstündchen auf der D 35 und der D 253. **Andlau** ist berühmt für seine erstklassigen Grand-Cru-Weine. Das blumengeschmückte **Fachwerkstädtchen** blickt auf eine bemerkenswerte Vergangenheit zurück, die mit einem erstaunlichen Wunder begonnen haben soll: Es begab sich um das Jahr 880, daß der ***tugendsamen Richardis***, der Gemahlin vom Kaiser Karl dem Dicken, just ein Engel erschien, als sie den Entschluß gefaßt hatte, ein Kloster zu gründen. Der Überirdische gab ihr den Rat, sich von einer Bärin führen zu lassen, die ein Nest für ihre Jungen bauen wollte. ***Richardis*** ging also in den Wald, traf das wilde Tier, das ganz zahm blieb. Die Bärin zeigte der Kaiserin die heilige Stelle. Sieben Jahre später verstieß der dicke Karl seine Frau. Die ging erneut in den Wald und gründete tatsächlich das Kloster an besagtem Bärenplatz. So entstand Andlau, sagt die Legende. Das Städtchen scharte sich im Mittelalter um die Abtei. 1049 weihte sogar ***Papst Leo IX.*** den Vorgängerbau der heutigen Kirche. Allzu weit mußte der Heilige Vater freilich nicht anreisen, denn er stammte aus dem Geschlecht der ***Grafen von Egiusheim***. In der Hallenkrypta der **Abteikirche Ste. Richardis** (mit Grabstätte der Heiligen) ist im Boden eine Aushöhlung zu sehen, die von einer Bärenfigur bewacht wird: Das sei die Originalstelle, die das Tier der heiligen Richardis gezeigt habe. Überhaupt trifft man in Andlau häufig auf das Bärensymbol, etwa am **Stadtbrunnen**. Das Kloster Andlau war nämlich ein Wallfahrtsort für Bärenführer, die hier kostenlos verköstigt wurden. Darüber hinaus hielt sich die Abtei stets einen lebenden Bären als Haustier. Nach soviel Historie regt sich in uns ein Bä-

Ausgangsort und Anfahrt
Colmar. Öffentliche Verkehrsmittel (Zug und Bus).

Zielpunkt und Rückfahrt
Andlau. Öffentliche Verkehrsmittel (Bus und Zug).

Radverleih
Bahnhof Colmar.

Übernachtungen unterwegs
- *Kaysersberg*: Camping Municipal, an der D 415, Tel. 89 47 14 47;
- *Riquewihr:* »Au Cerf«, (Hotel in einer ehemaligen Schmiede) 5, rue du-Général-de-Gaulle, Tel. 89 47 92 18;
- *Dambach-la-Ville:* »Vignoble« (Hotel ohne Restaurant), 1, rue d'Eglise, Tel, 88 92 43 75;
- *Andlau:* »Kastelberg«, rue du Général Koenig, Tel. 88 08 97 83;
- *Camping auf dem Bauernhof*, Relais du Sorbier (M. Lieber) an der D 425, Tel. 88 08 33 38 (nur von Mai–Sept.).

Einkehrmöglichkeiten
- *Ammerschwihr:* »Aux Armes de France«, Mi und Do (mittags) geschl., Tel. 89 47 10 12;
- *Kaysersberg:* »Chambard et sa Résidence« (Sternen-Tempel mit Hotel), Mo und Di (mittags) geschl., Tel. 89 47 10 17;
- *Riquewihr:* Auberge du Schoenenbourg, rue Piscine, Mi und Do (mittags) geschl., Tel. 89 47 92 28;
- *Zellenberg:* »Maximilien«, So (abends) und Mo geschl., Tel. 89 47 99 69;
- *Ribeauvillé:* »Wistub Zum Pfifferhüs«, 14, G'Rue, Mi und Do (außer Sommerferien) geschl., Tel. 89 73 62 28;
- *Illhaeusern:* »Auberge de l'Ill« (das beste Restaurant – mit Hotel – des Elsaß', am besten Monate vorher reservieren!), Mo (abends) und Di geschlossen, Tel. 89 71 83 23;

renhunger – und auch da sind wir in Andlau goldrichtig. Es gibt mehrere Möglichkeiten. Wir könnten uns in der »Wistub Val d'Eléon« niederlassen oder aber im »Boeuf Rouge« Presskopf in Vinaigrette und Riesling bestellen. Wer nach dem Essen direkt ins Bett strebt, sollte ins »Kastelberg« gehen, ein ruhiges Restaurant-Hotel.

- *Bergheim:* »Wistub du Sommelier«, So geschl., Tel. 89 73 69 99;
- *Dambach-la-Ville:* »Aux deux Clefs«, 1, rue de Dieffenthal, Mi geschl., Tel. 88 92 40 11;
- *Andlau:* »Boeuf Rouge«, Mi (abends) und Do geschl., Tel. 88 08 99 29; »A la Couronne« (Elsässer Spezialitäten-Restaurant), 4, rue du Maréchal-Foch, Do (abends) und Fr geschl. Tel. 88 08 93 24; »Wistub Val d'Eléon«, Mo geschl., Tel. 88 08 93 23.

Öffnungszeiten

- *Kaysersberg:* Maison Albert Schweitzer, Rue du Général-de-Gaulle, Mai–Okt. 9–12 und 14–18 Uhr;
- *Riquewihr:* Heimatmuseum - Musée du Dolder, tägl. 9–12 und 14–18 Uhr, Sa und So nur nachmittags;
- *Hunawihr:* Storchenpark (Parc de Cigognes), April–Okt. tägl. 10–12 und 14–18 Uhr;
- *Kintzheim:* Montagne des Singes (Affenberg) April–14.Okt. tägl. 10–12 und 14–18 Uhr; Volerie des Aigles (Greifvogelschau): April–Sept. Mo–Fr 14 Uhr–Dämmerung, So und feiertags 14.30–17 Uhr (nur im Sommer).

Auskunft

- *Kaysersberg:* Bureau de Tourisme, Hôtel de Ville, Rue du Général-de-Gaulle, Tel. 89 78 22 78;
- *Riquewihr:* Office de Tourisme, 2, Rue de la 1ère-Armée, Tel. 89 47 80 80;
- *Ribeauvillé:* Office de Tourisme, 1, Grand'Rue, Tel. 89 73 62 22;
- *Dambach:* Office du Tourisme; Tel. 88 92 61 00;
- *Andlau:* Office de Tourisme (nur im Sommer geöffnet), Tel. 88 08 22 57.

Karten

3615 IGN – Série Verte Nr. 31, 1:100 000; Michelin Atlas Routier France, S. 61, 1:200 000.

2. ETAPPE: *Andlau – Mittelbergheim – Barr – Obernai – Rosheim – Molsheim – Mutzig – Niederhaslach*

Etappenlänge
40 km.

Zeitdauer
6 Std.

Sehenswertes am Weg
Verrücktes Museum in Barr, Marktplatz in Obernai, Mittelalter in Boersch und Rosheim, die Metzig in Molsheim, evtl. das Donon-Massiv und die KZ-Gedenkstätte Struthof

Wir verlassen Andlau und fahren auf der GR 5 nach **Mittelbergheim**. Hier wird seit der Römerzeit Wein angebaut, was die Winzer zumindest in der Vergangenheit wohlhabend gemacht haben muß, denn die **Renaissancegebäude** rund um den malerischen **Marktplatz** haben auch schon im 16. Jahrhundert ein Vermögen gekostet. Von Mittelbergheim sind wir über die D 62 in wenigen Minuten in **Barr**, das sich gern als Weinmetropole des Départements Bas-Rhin bezeichnet. In der Tat gilt das Städtchen als Zentrum des Elsässer Gewürztraminers (Kirchberg). Am ersten Sonntag im Oktober wird hier ein rauschendes **Weinlesefest** gefeiert mit reichlich Folklore, neuem Wein, Flammkuchen und allem, was so dazugehört. Auf demselben Platz (vor dem Rathaus) mußten sich während der Französischen Revolution mehrere Bürger, die es gewagt hatten, sich der neuen Ordnung zu widersetzen, unter die Guillotine legen. 1763 baute sich der Advokat Louis Félix Marco eine stattliches Haus mit Park. Die Barrer lächelten über so viel Prunk: »Eine Verrücktheit.« – Une Folie! Das Anwesen beherbergt nun ein **Museum für Elsässer Wohnkultur**. Der Schimpf von damals ist im Namen geblieben: Musée de la Folie

Andlau, das hübsche Weindorf mit drei Grand-Cru-Lagen. Nicht nur für Weinfreunde einen Ausflug wert.

Marco – Museum von Marcos Verrücktheit. Besonders hübsch: die Weinstube im Keller, in der wunderbare Gewürztraminer und Flammkuchen serviert werden. Danach (oder anstelle) empfiehlt sich ein Besuch des schönen, solarbeheizten **Freibads**. Wir setzen die zweite Etappe auf der Route du Vin D 35 fort und fahren an der **Burg Landsberg** vorbei über **Heiligenstein** in Richtung **Ottrott**. Nach etwa 3 Kilometern biegen wir rechts nach **Berhardswiller** ab. Der nächste Ort ist **Obernai**, die alte Reichsstadt an der nördlichen Weinstraße. Im 7. Jahrhundert hauste in der fränkischen Siedlung der berüchtigte ***Herzog Attich***, auch Eticho genannt; seine Tochter ***Odile***, die später heilig gesprochen wurde und als Patronin des Elsaß gilt, wurde um 660 ebenfalls in Obernai geboren. 1330 machte ***Kaiser Ludwig der Bayer*** Obernai zur Freien Reichsstadt. Der fanatische Gegenreformator ***Thomas Murner*** (1469–1537), den man bisweilen »des Heiligen Römischen Reiches oberster Dreckrüttler« nannte, stammte aus Obernai, ebenso der verhaßte Ankläger der Revolutionstribunale im Elsaß, ***Eulogius Schneider***, der mit einer fahrbaren Guillotine durchs Land reiste und widerspenstige Bürger um einen Kopf kürzer machte – auch drei in seiner Heimatstadt. Der bekannte Elsässer Schriftsteller ***René Schickele*** (1883–1940), er sich mit seinem Hauptwerk »Das Erbe am Rhein« für die deutsch-französische Verständigung einsetzte, lebte und arbeitete in Obernai. Der gut erhaltene, **mittelalterliche Stadtkern** ist eines der beliebtesten Touristenziele der Region. Besonders schön ist der **Marktplatz**, ein prächtiges Ensemble mit **Renaissance-Rathaus** (Hôtel de Ville), dem 60 Meter hohen **Beffroi**, einem Kapellenturm aus dem Jahr 1285, und dem alten **Kornspeicher** (Ancienne Halle aux Blés), in dem nach dem 16. Jahrhundert die Metzgereien der Stadt untergebracht waren. Hinter dem **Rathaus** beginnt die malerische **Judengasse** (Ruelle aux Juifs), deren Häuser zum Teil noch **alte Holzgalerien** besitzen. Vom Marktplatz (Place du Marché) geht die **Rue du Chanoine-Gyss** ab. An ihr steht der berühmte **Sechs-Eimer-Brunnen** (Puits aux Six-Seaux), ein Renaissance-Bauwerk mit Baldachin und Säulen; an drei Winden hängen jeweils zwei Eimer. Der Wein von den umliegenden Weingärten sollte in einem gemütlichen Restaurant in einem historischen Haus in der **Altstadt** verkostet werden. Dazu serviert man im »A la Cour d'Alsace« die Spezialität des Patrons: Lachs, Zander und Dorade auf Sauerkraut, im Frühsommer erstklassige Spargelspezialitäten. Übrigens hat der »Elsässer Hof« auch 43 Zimmer. Für alle Fälle. Auf der D 322 fahren wir weiter nach **Boersch**, einem mittelalterlichen Städtchen mit **drei Stadttoren** und einem sehenswerten **Marktplatz** mit **Renaissance-Rathaus** und **Sechs-Eimer-Brunnen**. Unser Weg führt weiter über die D 216 nach **Rosheim** unterhalb der **Burgruine Landsberg**. Das Weinstädtchen, das noch teilweise von einer **Wehrmauer** umgeben wird, zählt zu den ältesten elsässischen Gemeinden. Besonders sehenswert ist die **St.-Peter-und-Paul-Kirche** (Eglise St.-Pierre-et-Paul), ein Gotteshaus aus der Stauferzeit (12. Jh.). Ein Teil der **Außenplastiken** (Adler auf dem Giebel der Westfassade, Löwen auf den Giebeltraufen) haben die Zerstörungen während der Französischen Revolution überstanden. Das **Maison Paienne** (Heidenhaus) hinter der **Porte du Lion** (Löwentor) wurde im 12. Jahrhundert von einer Adelsfamilie errichtet und ist das älteste Steingebäude im Elsaß. Ein Tip für die Sommermonate: Im Juli und August verkehrt zwischen Rosheim und Ottrott eine **Museumsbahn** mit Dampflok. Das leibliche Wohl wird in der »D'Rosenmeer Winstub« befriedigt, Weinstube und Restaurant mit erstklassiger Küche und 20 Hotelzimmern.

Bis nach **Molsheim**, unserer nächsten Station, sind es nur 6 Kilometer, und die radeln wir entlang der D 35 sowie der stark befahrenen D 422. Nach einer halben Stunde sind wir dort. Molsheim wurde auf römischen Fundamenten gebaut, wie *gallo-römische Funde* beweisen. Das bischöfliche Lehen geriet vorübergehend im 12. Jahrhundert in den Besitz der *Hohenstaufen*, bevor es 1304 bis zur Französischen Revolution wieder zu Straßburg kam. 1508 wurde das Jesuiten-Kolleg gegründet, das 1618 zur Universität erhoben wurde. Diese theologische und philosophische Hochschule war im gesamten deutschsprachigen Raum als Hort der Gegenreformation bekannt. *Kardinal de Rohan* ließ sie 1702 nach Straßburg verlegen, um den Einfluß der protestantischen Universität seines Bischofsitzes zu schmälern. Zur Universität gehörte auch die **Jesuitenkirche** von 1617. Ihr Inneres ist mit **Wandmalereien** aus dem 18. Jahrhundert geschmückt. Außerdem besitzt das Gotteshaus eine wertvolle **Silbermann-Orgel**. Das schönste Gebäude Molsheims ist die **Metzig** (Place de la Mairie), ein Renaissancegebäude, das 1554 von der Metzgerinnung bezogen wurde. Molsheim ist weit über die Grenzen des Elsaß und Frankreichs bekannt. 1909 gründete hier der geniale italienische Konstrukteur *Ettore Bugatti* eine Autofabrik. Seine blauen Sportwagen-Klassiker sind längst Legende und als Oldtimer unbezahlbar. Da dieser Luxus unerreichbar ist, gönnen wir uns eine kleine Freude und gehen am Rathausmarkt ins »Cheval blanc«, wo phantastische Pasteten die Gäste verwöhnen. Dazu sollte man sich ein Gläschen Spätlese (Vendage Tardive) oder Beerenauslese (Sélection de Grains Nobles) genehmigen.

Weiterfahrt auf der D 30 nach **Mutzig** (4500 Einwohner). Die berühmte Bierbrauerstadt, die im 13. Jahrhundert von König *Rudolf von Habsburg* mit einer Stadtmauer umgeben wurde, feiert am ersten Sonntag im September ein origi-

Der Aufstieg lohnt sich: Blick vom Beffroi, dem 60 Meter hohen Kapellenturm, auf die Dächer der Altstadt von Obernai.

nelles Fest. Dann fließt aus dem Brunnen an der **Place de la Fontaine** Bier statt Wasser. Daß der Gerstensaft hier eine l ange Tradition hat, beweist auch der **»Rothussmann«**, der in einem Fenster des Rathausturms die Uhrzeit anzeigt: Die Jakobinerfigur streckt die Zunge raus. Das schönste Gebäude der Stadt heißt »**Au Nid de Cigognes**« – Storchennest, ein romantisches Fachwerkhaus mit einem gemütlichen Restaurant. Im Herbst werden erstklassige Wildgerichte serviert. Wir fahren im **Bruchetal** entlang der N 420 an **Heiligenberg** vorbei nach **Niederhaslach** (13 km), dem Ziel unserer zweiten Etappe. Das Dorf ist Wallfahrtsort; die Gläubigen pilgern am Sonntag nach dem 6. November zur Ruine der **Klosterkirche St. Florentinus**. Der Heilige soll hier im 7. Jahrhundert eine Abtei gegründet haben, in der er später seine letzte Ruhestätte gefunden hat. Sie wurde im Dreißigjährigen Krieg von schwedischen Landsknechten niedergebrannt. Einige Teile der gotischen Pfarrkirche stammen vom Baumeister Steinbach, einem Sohn von Erwin von Steinbach, der maßgeblich am Straßburger Münster arbeitete. In Landgasthof »Pommes d'Or« gegenüber der Kirche erholen wir uns von der zweiten Etappe. Madame Abelhauser und ihr Mann servieren beste Elsässer Küche und Weine.

ZUSATZSTRECKE:
Niederhaslach – Donon-Massiv

Etappenlänge
22 Kilometer und zurück.

Zeitdauer
5–6 Std.

Gelände/Steigungen
Schwierige Berglandschaft, Höhenunterschiede von 600 m.

Wer genügend Kondition und Zeit hat, sollte sich den Ausflug zum **Donon** gönnen. Man sollte allerdings einen Tag einkalkulieren. Wir fahren im **Bruchetal** die N 420 entlang. Bei **Schirmeck** biegen wir rechts auf die D 392; nun beginnt auf 10 Kilometern eine kleine Tour der Leiden, allerdings durch wunderschöne Landschaft. Der Donon ist mit 1009 Metern der höchste Gipfel der Nordvogesen. Ein mystischer Berg. Auf der Wasserscheide zwischen dem Elsaß und Lothringen hatten die ***Kelten*** (keltisch: Don = Berg) eine ihrer wichtigsten Kultstätten, wo die Götter Esus, Taranis und Vogesus verehrt wurden. Später bauten die ***Römer*** einen Merkur-Tempel dazu. Noch heute glauben die Dörfler der Nordvogesen, daß an jedem dritten des Neumond der Teufel auf dem Donon tanzt. Im 18. Jahrhundert siedelten Mennoniten aus der Schweiz in dieser Wildnis, in der 1786 der letzte Vogesenbär erlegt wurde. Die Schweizer bauten Berghöfe, von denen einige noch heute als »Fermes auberges« (Bauernhöfe mit einfachen Gasträumen und Übernachtungsmöglichkeiten) existieren. Die letzten 2 Kilometer bis zum Gipfel müssen gelaufen werden. Dafür hat man vom **Hochplateau** (mit Tempelnachbau aus dem 19. Jh.) bei guten Wetter einen hinreißenden Ausblick über **Rheinebene** und **Vogesen**. Danach können wir uns im »Donon« (Col du Donon) mit einer kräftigen Mahlzeit stärken (es gibt auch Gästebetten). Museumstip: In **Grandfontaine** wurde ein altes **Eisenerzmuseum** für Besucher geöffnet.
Drei Kilometer südlich von Schirmeck zweigt die D 130 ab. 6,5 Kilometer weiter steht die Gedenkstätte des Konzentrationslagers Struthof (Camp du Struthof). Hier wurden über 10 000 Häftlinge von den Nazis ermordet. Ein riesiges Denkmal in Form eines Galgens erinnert an die Toten.

Ausgangsort und Anfahrt
Andlau; Anfahrt mit öffentlichen Verkehrsmitteln möglich (Bus bis Andlau, Bahnhof in Eichhoffen).

Zielpunkt und Rückfahrt
Niederhaslach (Bus und Bahnhof in Urmatt).

Übernachtungen unterwegs
• *Obernai:* Hotel »Les Vosges«, 5, place de la Gare (am Bahnhof), Tel. 88 95 53 78;
• *Camping:* Terrain Municipal, Route d'Ottrott, Tel. 88 95 38 48;
• *Rosheim:* Hostellerie du Rosenmeer, 45 a, Avenue de la Gare, Tel. 88 50 43 29;
• *Niederhaslach:* »La Pommes d'Or«, 36, rue Principale, Tel. 88 50 90 21;
• *Grandfontaine (Donon):* »Donon«, Col du Donon, Tel. 88 97 20 69.

Einkehrmöglichkeiten
• *Barr:* Caveau »Folie Marco«, 30, rue du Docteur-Sulzer, Di geschl., Tel. 88 08 22 71;
• *Rosheim:* »D'Rosenmeer Winstub«, 45, avenue de la Gare, So (abends) und Mo geschl., Tel. 88 50 43 29;
• *Molsheim:* »Cheval blanc«, 5, place de l'Hôtel de Ville, So (abends) und Fr geschl., Tel. 88 38 16 87;
• *Mutzig:* »Au Nid de Cigognes«, 25, rue du 18-Novembre, Di (abends) und Mi geschl., Tel. 88 38 11 97;
• *Obernai:* »A la Cour d'Alsace«, 3, rue de Gail, Sa und So (abends) geschl., Tel 88 95 07 00;
• *Niederhaslach:* »La Pomme d'Or«, 36, rue Principale, So (abends) und Mo geschl., Tel. 88 50 90 21.

Öffnungszeiten
• *Barr:* Musée de la Folie Marco, 30, rue du Docteur-Sulzer, Juni – Okt. tägl. außer Di 10–12 und 14.30–18 Uhr;
• *Struthof-Natzwiller:* Mémorial National de la Déportation, Mai – Sept. tägl. 8–12 und 14–19 Uhr, Okt.–April tägl. 9–12 und 14–17 Uhr.

Auskunft
• *Barr:* Syndicat d'Initiative, Hôtel de Ville, Tel. 88 08 66 65;
• *Obernai:* Office de Tourisme, Chapelle du Beffroi, Tel. 88 95 64 13;
• *Rosheim:* Office de Tourisme à la Mairie, Tel. 88 50 75 38;
• *Molsheim:* Office de Tourisme, place Hôtel de Ville, Tel. 88 38 11 61; Schirmeck: Office du Tourisme, Hôtel de Ville, Tel. 88 97 00 02.

Karten
3615 IGN – Série Verte Nr. 12 1:100 000; Michelin Atlas Routier France, S. 60/61, 1:200 000.

3. ETAPPE: *Niederhaslach – Burg Nideck – Wangenbourg – Dabo – Arzwiller – Saverne*

Etappenlänge
55 Kilometer

Zeitdauer
8–9 Std.

Gelände/Steigungen
Teilweise sehr anspruchsvoll mit Höhenunterschieden bis 700 m, dann erholsames Teilstück am Rhein-Marne-Kanal.

Sehenswertes am Weg
Herrliche Berglandschaft, Burg Nideck, Wasserfälle von Nideck, Felsen von Dabo, Schiffshebewerk Arzwiller, Rhein-Marne-Kanal, Hafen von Saverne.

Wir verlassen Niederhaslach auf der D 218 und fahren im **Haselbachtal** nach **Oberhaslach**. Hier soll im 7. Jahrhundert der ***heilige Florentinus***, der später Bischof von Straßburg wurde, gelebt und wilde Tiere gezähmt haben. Eine **Kapelle** erinnert an seine Einsiedelei. Es geht weiter auf der D 218, jetzt allerdings stetig bergauf. Nach einer mühseligen Serpentinenkletterei (10 km) gehen wir ab dem Parkplatz vom **Forsthaus Nideck** zu Fuß weiter den ausgeschilderten Pfad zur **Burg Nideck** (Château du Nideck). Die Wanderung hin und zurück dauert etwa 75 Minuten. Die Ruine steht auf einem 600 Meter hohen Felsen. Nach der Brandschatzung sind nur noch ein Viereckturm, gewaltige Mauern und Reste der Ober-

Landschaft bei Barr.

burg übriggeblieben. Der Dichter *Albert Chamisso* (1781–1838) beschrieb die Ruine aus dem 13. Jahrhundert in seiner Ballade »Das Riesenspielzeug«. Am unteren Turm beginnt der Abstieg zum **Nideckfall**; hinter einer kleinen Brücke geht's zum Aussichtspunkt, der trotz Geländer nicht ungefährlich ist. 25 Meter tief stürzen die Wassermassen über eine Porphyrwand.
Wir bleiben auf der D 218 und erreichen nach 9 Kilometern **Wangenbourg**, ein Ferienort in der **Elsässischen Schweiz**. Die Berge sind von steilen, **bizarren Sandsteinfelsen** gekrönt, eine wild-romantische Landschaft. Die Wangenburg aus dem 13./14. Jahrhundert ist eine mächtige Festung, die die vorbeilaufende Handels- und Militärstraße schützen sollte. Danach könnten wir im »Parc« essen gehen, ein empfehlenswertes Restaurant mit einem kleinen Hotel in einem gepflegten, ruhigen Park. Oder wir steigen wieder auf und fahren noch 3 Kilometer weiter bis **Obersteigen**. Wohlverdiente Pause im »Belle Vue« mit großer französischer Küche. Wer nach dem Essen unbedingt ruhen möchte oder muß – das Haus hat 37 Hotelzimmer.

Wunderwerk der Technik: Der Schleusen-Fahrstuhl des Schiffshebewerks am Rhein-Marne-Kanal. Ein Boot wird nach oben gezogen.

Nächste Station ist **Dabo**, und es geht bergab (auf der D 45). Eine kleine Straße zweigt links ab zu den **Dagsburger Felsen** (Rochers de Dabo). Auf diesem Massiv hatten die Grafen von Dabo eine mächtige Burg gebaut, die 1690 abgerissen wurde. Die Dabos waren ein uraltes Geschlecht, das vermutlich der Linie der Eguisheimer entstammt. Ihr bekanntester Ahnherr war ein gewisser *Bruno von Dabo*, der 1002 in Dabo geboren sein soll. Der wurde Bischof von Toul, später Papst und nach seinem Tod heilig gesprochen. Auf seiner Romreise zur Wahl des neuen Heiligen Vaters sollen ihm die Hähne, die ihm unterwegs begegneten, weissagend zugekräht haben: »Papst Leo! Papst Leo!« Nach seiner Wahl nannte er sich *Leo IX.* Eine kleine **Kapelle** erinnert an den heiligen Leo. Herrliche Aussicht auf die **Sandsteinmassive** der Vogesen.
Die Weiterfahrt auf der D 45 bis **Haselbourg**, dann links nach **Rehtal** und rechts auf der D 97 über **Guntzviller** nach **St. Louis-Arzwiller** fällt leicht – es geht bergab. Am **Rhein-Marne-Kanal** entlang fahren wir bis zum **Schiffshebewerk** (Plan incliné). Es ist das größte seiner Art in Europa, eine der interessantesten Sehenswürdigkeiten der gesamten Tour. Das Werk kann besichtigt werden. Die Straße einfach ein Stück bergauf fahren und am ausgeschilderten Parkplatz (Plan incliné) einbiegen.
Die Straße wieder zurück und am Kanal entlang in Richtung **Saverne**. Direkt neben dem Wasser kann meistens der befestigte Uferweg von Schleuse zu Schleuse befahren werden. Nach 12 Kilometern erhebt sich auf den Höhen der linken Kanalseite die **Burg Hohbarr** (Château Haut-Barr). Sie wurde im Mittelalter auch das »Auge des Elsaß« genannt. Die mächtige

Sommerresidenz der Straßburger Bischöfe wurde im 12. Jahrhundert auf drei Felsen gebaut, die miteinander verbunden sind. Es geht die Kunde, daß ***Bischof Manderscheidt*** mit einigen Zechkumpanen die »Confrèrie de la Corne« (Bruderschaft des Trinkhorns) gegründet hat. Alle Mitglieder mußten ein Auerochsenhorn voller Elsässer Wein auf einen Zug leeren können. Es soll einige Ritter gegeben haben, die das gleich zweimal hintereinander schafften. Wie dem auch sei: Ein gewisser Baron de Bassompierre überlieferte, daß er nach seiner Aufnahmeprüfung fünf Tage lang sterbenskrank zu Bette lag und zwei Jahre keinen Wein mehr riechen konnte, geschweige denn trinken. Zufahrt nur von Saverne über die **Rue du Général Leclerc** und die D 171 durch einen Tannenwald bis vor den Burgeingang. Der Ausblick ist auch im nüchternen Zustand überwältigend.
Zurück nach **Saverne**, eine kleinere Industrie- und Handelsstadt mit einer lebendigen **Altstadt** und einem hübschen **Kanalhafen**. Zu Beginn unserer Zeitrechnung war es römische Handels- und Militärstation. Der Stützpunkt mit dem sinnigen Namen Tres Tabernae (drei Tavernen) schützte die strategisch wichtige Straße zwischen Straßburg und Metz. Vom 13. Jahrhundert bis zur Französischen Revolution hatten die Fürstbischöfe von Straßburg, vornehmlich die Herren von Rohan, in Zabern, das später ins französische Saverne umbenannt wurde, ihre Lieblingsresidenz. Im späten Mittelalter richteten hier die Söldner des Herzogs ***Anton von Lothringen*** ein entsetzliches Blutbad an. Während des Bauernaufstandes hatten sie 1525 die von Bauern eroberte Stadt belagert. Bei Verhandlungen erklärten sich die Aufständischen bereit, ihre Waffen gegen freien Abzug niederzulegen. Völlig wehrlos zogen 18 000 Bauern aus den Stadttoren. Sie wurden – angeblich gegen den Willen des Herzogs – von den Landsknechten angegriffen und bis auf den letzten Mann niedergemacht. In der Residenz der Rohan hielten sich oft die französischen Könige auf. Nach einem Standbrand von 1779 baute Fürstbischof ***Kardinal de Rohan*** das **Schloß** (Château de Rohan) neben den Mauern einer mittelalterlichen Burg neu auf. Seither wird es auch als »Elsässer Versailles« bezeichnet. Es steht oberhalb des Rhein-Marne-Kanals und dient heute u. a. als **Museum** für Archäologie und Stadtgeschichte.
Zwei Kirchen sind besonders sehenswert: die **Eglise des Recollets** (Rue Poincaré), eine ehemalige Klosterkirche aus dem 14. Jahrhundert mit einem **gotischen Kreuzgang** (16. Jh.), und die **Pfarrkirche Nôtre-Dame-de-la-Nativité** (Rue du Tribunal), ein Gotteshaus aus dem 15. Jahrhundert mit einem wesentlich älteren **Glockenturm** (12. Jh.). Zur Entspannung sei ein Spaziergang im **Rosengarten** (La Roseraie) empfohlen. Von Frühsommer bis Herbst blühen im Park am Flüßchen Zorn, der um 1900 angelegt wurde, über **450 verschiedene Rosensorten** (Großes Rosenfest am 3. und 4. Sonntag im Juni).
Zur weiteren Entspannung geht's ins **Maison Katz**. Das reich geschmückte Renaissancehaus wurde 1605 vom bischöflichen Steuereinnehmer Henri Katz gebaut. Heute beherbergt es u. a. eine herrliche Taverne und Weinstube. Alternativen wären: »Au Boeuf Noir« mit preiswerten Elsässer Spezialitäten, das urgemütliche »Le Staeffele« (Elsässer Küche und sehr gute Desserts) oder das (etwas teurere) Feinschmecker-Restaurant »Chez Jean«, wo Stopfleber und andere exklusive »Schweinereien« serviert werden. Der Vorteil bei Jean: Man kann sich direkt vom Tisch ins Bett begeben. 27 Hotelzimmer in einem ehemaligen Kloster.

Ausgangsort und Anfahrt
Niederhaslach, erreichbar mit Bus und Bahn (Bahnhof Urmatt).

Zielpunkt und Rückfahrt
Saverne, erreichbar mit Bus und Bahn.

Radverleih
Bahnhof (Gare) Saverne bei der SNCF.

Übernachtungen unterwegs
• *Wangenbourg:* »Parc Hotel«, 39, rue Général-de-Gaulle, Tel. 88 87 31 72;
• *Obersteigen:* »Belle Vue«, 16, route de Dabo, Tel. 88 87 32 39;
• *Saverne:* »La Marne« (einfach und preiswert), 5, rue de Griffon, Tel. 88 91 19 18; National (einfach und preiswert), 2, Grand Rue, Tel. 88 91 14 54;
• *Jugendherberge* (Auberge de Jeunesse) im Château des Rohan, Tel. 88 91 19 18;
• *Camping:* Terrain Municipal, Rue-des-Père-Liebermann, Tel. 88 91 14 84.

Einkehrmöglichkeiten
• *Wangenbourg:* »Parc Hotel« (siehe Übernachtungen);
• *Obersteigen:* »Belle Vue« (s. Übernachtungen);
• *Saverne:* »Au Boeuf Noir«, 22, Grand-Rue, So (abends), Mo und Di geschl., Tel. 88 91 10 53; »Chez Jean«, 3, rue de la Gare, So (abends) und Mo geschl., Tel. 88 91 10 19; »Taverne Katz«, 80, Grand-Rue, Di (abends) und Mi geschl.,Tel 88 71 16 56; »Le Staeffele«, 1, rue Poincaré, Mo geschl., Tel. 88 91 63 94.

Öffnungszeiten
• *St. Louis Arzwiller:* Schiffshebewerk, März–Nov. tägl. 9–12 und 14–17 Uhr;
• *Saverne:* Musée National im Rohan-Schloß (umfangreiche Funde aus römischer Zeit), Place du Général-de-Gaulle, tägl. außer Di 14–18 Uhr, Juli und Aug. auch vormittags; Bootsfahrt zum Schiffshebewerk tägl. ab 9 Uhr am Kanalhafen, Kartenvorverkauf einen Tag vorher beim Verkehrsamt, Preis etwa 60 Mark.

Auskunft
• *Wangenbourg:* Office de Tourisme, Route Général-de-Gaulle, Tel. 88 87 32 44;
• *Saverne:* Offive de Tourisme (Verkehrsamt) im Château des Rohans, Tel. 88 91 80 47.

Karten
3615 IGN – Série Verte Nr. 12, 1:100 000; Michelin Atlas Routier France, S. 42, 1:200 000.

4. ETAPPE:

Ausgangsort
Saverne.

Zielpunkt
Straßburg.

Etappenlänge
48 Kilometer.

Zeitdauer
5–6 Std.

Gelände/Steigungen
Flach.

Unsere letzte Etappe ist ein erholsamer Fahrradausflug. Wir fahren direkt nach **Straßburg**, immer auf den befestigten Wegen des **Rhein-Marne-Kanals** entlang. Die Wasserstraße führt quer durch das Elsässer Ackerland. Nach 20 Kilometern eine Pause in **Mommenheim**, links des Kanals. Zur Wahl stehen »Chez Clément« (preiswerter Mittagstisch, 1, rue de la Gare, Di abend und Mi geschl., Tel. 88 51 61 17) oder »Le Manoir chez Yvette« (Tel. 88 51 61 78). Oder aber wir machen einen Abstecher nach Brumath und kehren in der »Hostellerie à L'Ecrevisse« (Tel. 88 51 11 08, Mo abends und Di geschl.) ein. Der Rest ist eine bequeme Verdauungsfahrt, so daß wir Straßburg zeitig erreichen.

Karten
3615 IGN – Série Verte Nr. 12, 1:100 000; Michelin Atlas Routier France, S. 43, 1:200 000.

4 Im Land der Ritter und Hexen: Lembach – Ingwiller

Ausgangsort: *Lembach*
Zielpunkt: Ingwiller
Gesamttourenlänge: *135 km*
Durchschnittlicher Zeitbedarf: *3 Tage*
Etappen: *3*

1. ETAPPE: *Lembach – Langensoultzbach – Niederbronn-les-Bains – Zinswiller – Baerenthal*

Etappenlänge
39 km.

Zeitdauer
ca. 7 Std.

Gelände/Steigungen
Berglandschaft der Nordvogesen, trotzdem gut zu radeln; Höhenunterschiede bis zu 120 m.

Sehenswertes am Weg
Four à Chaux, die unterirdische Militärstation, die Heilquellen von Niederbronn-les-Bains, die »Teufels«-Ruinen der Arnsburg und die Küche von »L'Arnsbourg«

Lembach, unser Ausgangspunkt, ist ein typisches Nordelsässer Dorf mit gepflegten Fachwerkhäusern und sauberen Gassen. Die Kanzel der **Pfarrkirche** wird als Lebensbaum dargestellt; die zweite Sehenswürdigkeit hat einen ungleich martialischeren Charakter: Die Erde rund um den hübschen Ort wurde zwecks des Baus einer riesigen **unterirdischen Festung** der Maginotlinie durchwühlt. Der **Four à Chaux,** eine komplette Militärstadt unter Tage, wurde in einen Kalksteinhügel gebaut. Die 30 Meter unter der Erdoberfläche liegende Bunkeranlage wurde von einem eigenen Elektrizitätswerk versorgt; sie war völlig autark und hatte neben den Unterkünften für die Soldaten, Küchen und Aufenthaltsräumen auch ein Lazarett mit Operationsraum, eine Apotheke und einen Leichenraum. Seit 1983 ist die finstere Anlage der Öffentlichkeit zugänglich. Das ist aber noch lange kein Grund, eine Nacht in Lembach zu verbringen. Doch Gott sei Dank gibt es in der Dorfmitte die ehemalige Postwechselstation **»Cheval Blanc«** (Weißes Rößl) aus dem 17. Jahrhundert. Sie wurde renoviert und zu einem der besten Restaurants des Elsaß umgebaut. Maître Mischler steht einer herausragender Küche vor, die von den strengen Michelin-Testern mit zwei Sternen belohnt wurde. Das bedeutet in der Tat: Lembach ist einen Umweg wert. Die sublime Weinkarte des »Cheval Blanc« vervollständigt unseren Einstieg in diese Tour des Genußradelns. Wir nächtigen im Hotel »Vosges du Nord« und brechen am nächsten Morgen auf in Richtung Süden und radeln auf einer kleinen Straße entlang des Flüßchens Sauer nach **Mattstall**. Von dort geht's weiter über **Langensoultzbach** nach **Nehwiller**. Dort biegen wir am Ortseingang nach rechts auf die D 121 und erreichen nach

La Petite-Pierre, umgeben von den dichten Wäldern der Nordvogesen. Ein Ort, ideal für Wanderer, die dem Trubel entfliehen wollen.

wenigen Kilometern **Jaegerthal**, eine einsame Waldsiedlung. In 2 Kilometern Entfernung (D 53) erhebt sich auf einem steilen Sandsteinrücken die Ruine der **Burg Altwindstein,** einer ehemaligen Stauferfestung, die 1680 von den Truppen des französischen Marschalls *Montclar* zerstört wurde. Wir fahren die D 53 zurück. Hinter Jaegerthal zweigt rechts die D 653 ab, die direkt nach **Niederbronn-les-Bains** führt. Auf einem Hügel über dem Ort wurde ein deutscher Soldatenfriedhof (Cimetière militaire allemand) angelegt, auf dem über 15 000 junge Männer ihre letzten Ruhe fanden. Das Städtchen ist eine der ältesten elsässischen Ortschaften. Im Wasser der **Mineralheilquelle** badeten bereits die alten *Kelten*. 48 v. Chr. gründeten *römische Legionäre* die Siedlung, die fast 500 Jahre bis zu ihrer Zerstörung während der *Völkerwanderung* ein beliebter Kurort war. Am Reisberg wurden *gallo-romanische Thermen* entdeckt; andere archäologische Funde werden im **Archäologischen Institut der Nordvogesen** (Maison de l'Archéologie des Vosges du Nord) ausgestellt. Erst nach dem Dreißigjährigen Krieg wurden die alten Bäder restauriert, und Niederbronn entwickelte sich zu einem bekannten Heilbad, das in der Epoche von *Napoleon III.* schon eine überregionale Bedeutung hatte. Die Römer- und Keltenquelle (Source Romaine, source Celtique) versorgen auch heute den Badebetrieb. Die Mineralwasserabfüllanlage »Celtic« (Usine d'embouteillage de l'eau minérale) kann während der Dienststun-

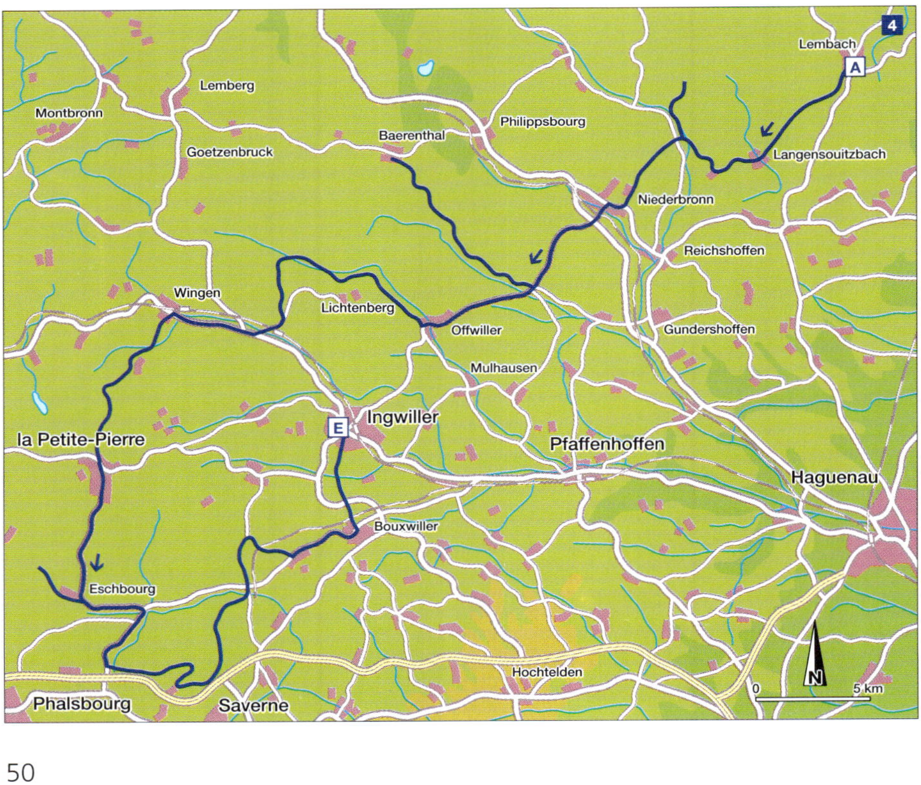

Hier rollt die Glückskugel: das Städtische Casino von Niederbronn-les-Bains, die einzige Spielbank des Elsaß´.

den besichtigt werden. Das Wasser löscht auch gut den Radlerdurst. Niederbronn ist auch aus einem anderen Grund bekannt im ganzen Land. Hier rollt die Roulettekugel im einzigen **Spielcasino** des Elsaß'. Nachdem wir die Bank gesprengt haben (oder eher nicht!) geht unsere Tour weiter auf der D 28 in Richtung Südwesten. Nach Oberbronn erreichen wir **Zinswiller**, wo wir nach rechts auf der D 141 ins idyllische **Zinseltal** (Zinsel du Nord) biegen. Nach ca. 5 Kilometern erhebt sich auf einer Anhöhe auf der rechten Talseite die **Arnsburg** (Grand Arnsbourg). Der Sage nach hat hier der Teufel in unzugänglichen Kellergewölben riesige Weinvorräte aus mehreren Jahrhunderten gelagert. Für die Elsässer denkt selbst der Gehörnte in vernünftigen Kategorien. Gute Jahrgänge, so geht die Kunde, kündigen sich bereits während der Weinblüte durch einen unwiderstehlichen Duft von Traubenmost an, der angeblich dem Gemäuer der Arnsburg zu entströmen pflegt; daher führten auch die richtigen Burgherren als Zeichen ihrer Würde ein Faß im Wappen. Die Arnsburg wurde im 12. Jahrhundert von den ***Hohenstaufern*** erbaut und 1332 an die Herren von Lichtenberg verkauft. Erste Zerstörungen richteten der berühmte Ritter ***Franz von Sickingen*** (1523) sowie aufständische Bauern (1525) an, bevor 1680 General ***Montclar***, der mordbrennende Marschall König ***Ludwigs XIV.,*** das Werk vollendete und die Anlage vollkommen verwüstete. Nach soviel Historie und Histörchen bedürfen wir der Entspannung. Wie schön, daß wir unterhalb der Burg in **Untermuhlthal** auf die zeitgemäßere »Arnsbourg« stoßen, wo uns Monsieur Klein aus seiner sternengekrönten Küche mit erlesenen Delikatessen und einer geradezu unglaublichen Gänseleberpastete mit Trüffeln verwöhnt.

Selbstredend sind die Weine des Hauses ähnlicher Qualität, wie die des Teufels oben unter der Ruine, so daß wir ganz gelassen dem Ende unserer ersten Etappe entgegenblicken können, denn die Unterkunft im »L'Arbre Vert« (hat übrigens auch eine ausgezeichnete Küche) ist nur noch einen Katzensprung von vier Kilometern entfernt.

Ausgangsort und Anfahrt
Lembach; Bahn bis Wissembourg (Verbindungen nach Landau/Deutschland und Hagenau), dann weiter mit dem Bus.

Zielpunkt und Rückfahrt
Baerenthal; nächster Bahnhof in Niederbronn-les-Bains, danach mit dem Bus bis Zinswiller.

Radverleih
Office de Tourisme in Lembach.

Übernachtungen unterwegs
• *Lembach:* »Vosges du Nord« (kein Restaurant), einfaches Haus mit zivilen Preisen, 59, route de Bitche, Tel. 88 94 43 41;
• *Niederbronn-les-Bains:* »Muller«, komfortables Hotel mit Schwimmbad und Fitnessraum zu günstigen Preisen, place Hôtel de Ville, Tel. 88 63 38 38;
• *Baerenthal:* »A l'Arbre Vert«, 32, rue Principale, Tel. 87 06 50 07.

Einkehrmöglichkeiten
• *Lembach:* »Auberge Cheval Blanc«, bestes Restaurant des Nordelsaß, Mo und Do geschl., Tel. 88 94 41 86;
• *Niederbronn-les-Bains:* »Les Acacias«, günstiger Mittagstisch bei Sonnenschein, Sa (mittags) und Fr geschl., 35, rue Acacias, Tel. 88 09 00 47;
• *Baerenthal:* »L'Arnsbourg«, Untermuhlthal, Edelrestaurant mit Stern, Di und Mi geschl., Tel. 87 06 50 85.

Öffnungszeiten
• *Lembach:* Four à Chaux, Besichtigung der unterirdischen Bunkeranlage, Öffnungszeiten beim Office de Tourisme erfragen;
• *Niederbronn-les-Bains:* Maison de l'Archéologie des Vosges du Nord, 44, av. de Foch, tägl. (außer Di) 14–18 Uhr, Nov.–Feb. nur So 14–17 Uhr.

Auskunft
• *Lembach:* Office de Tourisme, route Bitche, Tel. 88 9443 16;
• *Niederbronn-les-Bains:* Office de Tourisme, place Hôtel de Ville, Tel. 88 09 17 00.

Karten
3615 IGN – Série Verte Nr. 12, 1:100 000; Michelin Atlas Routier France, S. 42, 1:200 000.

2. ETAPPE: *Baerenthal – Saegmuhle – Ingwiller – Wingen-sur-Moder – Zitterheim – La Petite-Pierre*

Etappenlänge
53 km.

Zeitdauer
7–8 Std.

Gelände/Steigungen
Es geht in die Berge der Nordvogesen, 160 m Höhenunterschied.

Sehenswertes am Weg
Fahrt durch die Wälder der Nordvogesen, Burg Lichtenberg, Altstadt von La Petite-Pierre.

Vor dem Start zur 2. Etappe zunächst ein kleiner Spaziergang durch **Baerenthal**, einem hübschen kleinen Dorf, in dem früher Hüttenwerke Metall herstellten. Es geht auf der D 87 und D 141 durchs **Zinseltal** zurück nach **Zinswiller** und dann auf der D 28 über **Offwiller** (Maison du Village – schönes **Bauernhausmuseum**) nach **Rohrbach**. Dort biegen wir rechts ab auf die D 198 und fahren entlang des Rohrbachs hinauf nach **Saegmuhle**. Von dort sind es nur noch 1,5 Kilometer bis nach **Lichtenberg.** Eigenartigerweise

Allein mit der erwachenden Natur: Eine Fahrradtour im Frühling am erblühenden Rand der Nordvogesen.

nennt man diese Gegend das »Hanauer Ländchen«. Das liegt daran, daß einst Land und Leute nach dem Aussterben des Geschlechts der ***Lichtenberger Grafen*** in den Besitz der ***Hanauer Linie der Lichtenberger*** übergingen. Das war im Jahr 1480, als der letzte Lichtenberger verschied. Es war der wunderliche Jakob, ein Mann, der so ganz anders war als seine machtbewußten Ahnen, die sogar drei Fürstbischöfe von Straßburg stellten. Jakob von Lichtenberg widmete sich hingegen auf seiner Burg der Wahrsagerei, der Sternenkunde und okkulten Studien und Zaubereien. Man nannte ihn ***»Jakob mit dem Barte«*** oder den »wunderlichen Ritter«. Nach dem Tod seiner Frau verliebte er sich unsterblich in eine gewisse Bärbel von Ottenheim, eine einfache Bauernmagd und außergewöhnlich schöne Frau. Er holte sie auf Burg Lichtenstein und regierte mit ihr das Land, was den Bauern und seinem Bruder Ludwig in Bouxwiller überhaupt nicht gefiel. Ludwig überfiel mit seinen Soldaten und den Frauen von Bouxwiller Burg Lichtenberg und nahm die schöne Bärbel fest. Die Tat ging als der sogenannte »Bouxwiller Weiberkrieg« in die regionale Geschichte ein. Ritter Jakob verließ 1472 Burg Lichtenberg. Er baute im benachbarten Ingwiller ein neues Schloß, wo er acht Jahre später starb. Die schöne Bärbel wurde der Hexerei angeklagt und eingesperrt. Nach dem Tod ihres geheimnisvollen Geliebten brachte sie sich im Kerker von Hagenau um. Burg Lichtenberg wurde weiter ausgebaut und später sogar vom berühmten Militärbaumeister ***Vauban*** als Festung verstärkt. Erst 1870 wurde sie im Deutsch-Französischen Krieg von Truppen beschädigt. Die Anlage ist allemal einen Besuch wert.

Von Saegmühle fahren wir bergab auf der D 15 nach **Wimmenau** und von dort auf der D 919 weiter **nach Wingen-sur-Moder**, einem bekannten Glasbläserort (günstiger Einkauf in der ***Kristallfabrik Lalique***. Dann geht's weiter auf der D 135 über Zittersheim nach **La Petite-Pierre,** einem reizenden **Luftkurort** mit Altstadt und **Schloß** auf einem Bergrücken. Hier hauste im 16. Jahrhundert der berühmte ***Jerry Hans,*** ein Pfalzgraf, der den Bau von Glas- und Eisenhütten in dieser ärmlichen Waldregion förderte. Nach einem Besuch des **Elsässer Siegelmuseums** relaxen wir im Hotel »Aux Trois Roses« und genießen die gute Küche des Hauses. Oder wir beziehen Quartier in der »Auberge d'Imsthal« und erfreuen uns an der deftigen Landkost (Gänseeintopf Jerry Hans) und der Stille.

Ausgangsort und Anfahrt
Baerenthal; Anreise mit dem Zug bis Philippsbourg und dann weiter mit dem Bus.

Zielpunkt und Rückfahrt
La Petite-Pierre; Rückfahrt mit dem Bus bis Wingen-sur-Moder, dann mit dem Zug.

Radverleih
• *Wingen-sur-Moder:* Mountainbike-Verleih bei Jacky Bergmann, 7, rue de Zittersheim, Tel. 88 89 75 06;
• *La Petite-Pierre:* Office de Tourisme.

Übernachtungen und Einkehrmöglichkeiten
• *Wingen-sur-Moder:* Colonie de Vacances St- Augustin (Feriendorf mit Dreibettzimmer und Gemeinschaftsküche), rue du Hochberg, Tel., 88 89 71 55;
• *La Petite-Pierre:* »Auberge d'Imsthal« (mit Schwimmbad), 3, rue d'Imsthal (3,5 km außerhalb an der D 178, Tel. 88 70 45 21; »Aux Trois Roses« (regionale Spezialitäten, Hotel mit Hallenbad), So (abends) und Mo geschl., 19, rue Principale, Tel. 88 89 89 00;
• *Camping in La Petite-Pierre-Imsterfeld*, route forestière d'Imsthal, kein Telefon.

Öffnungszeiten
• *Offwiller:* Museum der bäuerlichen Kultur (Musée La Maison du Village d'Offwiller), 42, rue de la Liberation, Juli–Sept. So 14–18 Uhr;
• *La Petite-Pierre:* Elsässer Siegelmuseum (Musée du Sceau Alsacien) 17, rue du Château, tägl. außer Mo 10–12 und 14–18 Uhr.

Auskunft
Office de Tourisme du Pays de la Petite-Pierre, Hôtel de Ville, Tel. 88 70 42 30.

Karten
3615 IGN– Série Verte Nr. 12, 1:100 000; Michelin Atlas Routier France, S. 42/43, 1:200 000.

3. Etappe: *La Petite-Pierre – Graufthal – St. Jean-Saverne – Neuwiller-lès-Saverne – Bouxwiller – Ingwiller*

Wir radeln auf der D 178 bergab ins Zinseltal. **Graufthal** ist die erste Station unserer letzten Etappe. Die kleine Gemeinde wartet mit einer Besonderheit auf: In einer 70 Meter hohen **Sandsteinwand** sind Häuser und Wohnungen eingelassen, die bis 1958 bewohnt waren. Heute kann man sie jeden Sonntag besichtigen. In

Etappenlänge
43 km.

Zeitdauer
ca. 6 Std.

Gelände/Steigungen
Bergig (Nordvogesen) und später flach, 220 m Höhenunterschied.

Sehenswertes am Weg
Höhlenwohnungen von Graufthal, Abteikirchen in St. Jean-Saverne und Neuwiller-lès-Saverne, Hexenberg bei Bouxwiller.

Graufthal wurde bereits im 8. Jahrhundert das Benediktinerinnenkloster St. Gangolf gegründet, von dem nur noch Ruinenreste und eine Kapelle mit barocker Ausstattung übriggeblieben sind. Rückfahrt auf der D 133 Richtung **Bouxwiller**. Hinter **Hammerweyer** biegen wir rechts auf die D 122 ab. Nach etwa 5 Kilometern zweigt kurz vor der Autobahnüberführung links eine kleine Straße ab, über die wir **St. Jean-Saverne** erreichen. Wir kommen zunächst an der **Kapelle St. Michel** vorbei, die im 12. Jahrhundert errichtet und im 17. Jahrhundert umgebaut wurde. Sie galt als christliche Abwehrmaßnahme gegen eine ***heidnische Kultstätte***, die ganz in der Nähe liegt: Die Vertiefung im Felsen wird im Volksmund »Hexenschule« (Ecole des Sorcières) genannt. Nicht weit davon befindet sich auch das »Hexenloch« (Trou des Sorcières) – eine Höhle. Im Dorf besuchen wir die dreischiffige **Abteikirche,** eines der schönsten Bauwerke der Romanik im Elsaß. Sie ist das Überbleibsel einer Benediktinerinnenabtei, die 1126 von ***Graf Peter von Lützelburg*** (La Petite-Pierre) gegründet wurde. Der große Turm über dem **romanischen Portal** wurde allerdings erst im 18. Jahrhundert errichtet. Weiter geht's auf der D 716 und dann auf der D 219 über **Ernolsheim-lès-Saverne** und **Dossenheim-sur-Zinsel** nach **Neuwiller-lès-Saverne.** Das kleine Dorf (1000 Einwohner) wartet mit gleich zwei bedeutsamen Bauwerken aus dem Mittelalter auf. Die **Abteikirche St. Pierre et St. Paul** (11./12. Jh.) machte den Ort zu einem bedeutsamen Wallfahrerziel. Kunsthistoriker gehen davon aus, daß die ältesten Gebäudeteile wie der Grabraum sogar aus dem 8. Jahrhundert stammen. Die Benediktiner hatten hier eine Abtei für die Reliquien des aus Metz stammenden Bischofs St. Adelphus errichtet. Diesem Heiligen ist auch die andere **Kirche St. Adelphe** geweiht. Sie entstand im 12. Jahrhundert. Nach einer kleinen Stärkung im Restaurant »Au Herrenstein« fahren wir ein Stück weiter auf der D 233 nach Osten und erreichen über **Griesbach-le-Bastberg** den geheimnisvollen **Bastberg,** der eine **herrliche Aussicht** über das nördliche Elsaß bietet. Auch hier, so geht die Kunde, sollen sich die Hexen an jedem 30. April zum Tanz in die Walpurgisnacht getroffen haben. Nach 4 Kilometern auf der D 6 haben wir **Bouxwiller** erreicht, ein kleines Provinzstädtchen, das auf den Fundamenten einer ***römischen Badeanlage*** gebaut wurde. ***Die Grafen von Lichtenberg*** hatten den Ort im ausklingenden 13. Jahrhundert zu ihrer Residenzstadt gemacht. Wir suchen das Rathaus auf, wo im **Heimatmuseum** die dramatische Geschichte vom Lichtenberger Grafen »Jakob mit dem Barte« und der »schönen Bärbel« (siehe Burg Lichtenberg) dokumentiert wird. Im 18. Jahrhundert galt Bouxwiller als »kleines Versailles«, weil hier die ***Landgräfin Caroline von Bouxwiller*** großartig Hof hielt.

Wohnung im Felsen von Graufthal, bis in die fünfziger Jahren noch bewohnt, jetzt ein Museum.

Die letzte Station unserer Drei-Etappen-Tour erreichen wir auf D 106 über **Niedersoultzbach**. Nach einer guten halben Stunde Fahrtzeit sind wir in **Ingwiller**, dem letzten Aufenthaltsort des legendären Ritters Jakob von Lichtenberg, der hier 1480 in seinem neuen Schloß starb. Von der Anlage ist nicht mehr viel übrig. An seiner Stelle steht eine **Synagoge** aus dem 19. Jahrhundert, denn Ingwiller war eines der jüdischen Zentren des Elsaß. Wir kehren ein im »Aux Comtes de Hanau« und beschließen in diesem schönen Hotel unsere Tour durch die Nordvogesen.

Ausgangsort und Anfahrt
La Petite-Pierre; Anfahrt mit dem Zug bis Wingen-sur-Moder, dann weiter mit dem Bus.

Zielpunkt und Rückfahrt
Ingwiller, Rückreise mit dem Zug möglich.

Übernachtungen unterwegs
• *Ingwiller:* »Aux Comtes de Hanau«, kleines Hotel mit ausgezeichnetem Restaurant, 139, rue du Général-de-Gaulle, Tel. 88 89 42 27.

Einkehrmöglichkeiten
• *Neuwiller-lès-Saverne:* »Au Herrenstein«, Landgasthof an der alten Abteikirche mit 3 Zimmern, Mi (abends) geschl., 20, rue du Général-Koenig, Tel. 88 70 00 53.

Öffnungszeiten
• *Bouxwiller:* Heimatmuseum (Musée de Bouxwiller et du Pays de Hanau) Mo–Fr 8–12 und 14–18 Uhr, Mai–Dez. auch Sa und So 14–18 Uhr, Jan.–April So 14–18 Uhr.

Auskunft
• *Bouxwiller:* Office de Tourisme, Mairie, place du Château, Tel. 88 70 70 16;
• *Ingwiller:* Office de Tourisme, Hôtel de Ville, Tel. 88 89 31 31.

Karten
3615 IGN– Série Verte Nr. 12, 1.100 000; Michelin Atlas Routier France, S.42/43, 1.200 000.

5 Durchs Elsässer Hochgebirge: die Route des Crêtes

Ausgangsort: *Guebwiller*
Zielpunkt: Ribeauvillé
Gesamttourenlänge: *41 km*
Zeitbedarf: *2 Tage*
Etappen: *2*

1. ETAPPE: *Guebwiller – Lautenbach – le Markstein – Rainkopf – Hohneck – Col de la Schlucht*

Etappenlänge
41 km.

Zeitdauer
7–8 Std.

Gelände/Steigungen
Sehr anspruchsvolle Bergstrecke, die erhebliche Anforderungen an die Kondition stellt; Höhenunterschied über 970 m.

Sehenswertes am Weg
Romanische Kirche in Lautenbach; Hochvogesenlandschaft von Le Markstein bis Col de la Schlucht; Gipfel des Hohneck-Massivs; Botanischer Hochgebirgsgarten.

Günstige Jahreszeit
Frühsommer und Herbst (bis Mitte Oktober).

Besondere Ausrüstung
Warme Kleidung.

Empfehlenswerter Radtyp
Touren- oder Trekkingrad mit Kettenschaltung, Bergübersetzung und Cantilever-Bremsen.

Guebwiller, der Ausgangsort unserer Tour, ist eines der bekanntesten Weinstädtchen im südlichen Elsaß. Von seinem Wein wurde im 19. Jahrhundert sogar behauptet, daß er die Bildung von Nierensteinen verhindere. Zu den Hauptsehens-

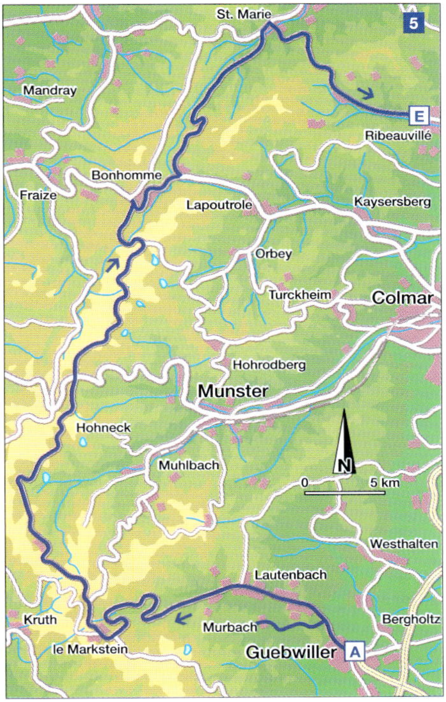

würdigkeiten des Ortes an der Lauch gehören neben dem **spätgotischen Hôtel de Ville** und der **Dominikanerkirche** aus dem 14. Jahrhundert (Eglise des Dominicains, klassische Konzerte von Juli bis Sept.) die spätromanische **Kirche St. Léger** (12. Jh.). Um auch die imposante **Klosterruine Murbach** (gegründet 727) in einem kleinen Seitental (6 km auf der D 40 II) besuchen und danach die gastronomischen Vorzüge der Region genießen zu können, empfiehlt sich die Anreise bereits am Vorabend. Beispielsweise könnten wir in Murbach bleiben, uns in der „Hostellerie Saint-Barnabé« einquartieren und am Abend die geschnetzelte Challans-Ente nach antiker Art genießen, bevor wir uns in einem der ruhigen Zimmer niederlegen. Oder wir fahren nach Guebwiller zurück, logieren im »Relais du Lac« am Stadtrand und lassen uns in der »Taverne du Vigneron« mit Elsässer Spezialitäten verwöhnen. Allzu lange sollten wir jedoch nicht dem ausgezeichneten Wein von Guebwiller zusprechen, denn die erste Etappe unserer Hochvogesentour stellt höchste Ansprüche an die Kondition.

Wir verlassen Guebwiller auf der D 430 und fahren nach Westen durchs **Tal der Lauch**. Erste Station ist **Lautenbach**, ein uraltes Dorf, das irische Benediktinermönche bereits im 8.Jahrhundert gründeten. Diese Abtei wurde 1080 von ***Kaiser Heinrich IV.*** zerstört. Das zweite Kloster in Lautenbach bauten ab 1100 die Augustiner. Die prachtvolle **Klosterkirche** ist erhalten geblieben. Die dreibogige Vorhalle und das skulpturengeschmückte Portal zählen zu den eindrucksvollsten Beispielen romanischer Kirchenarchitektur im Elsaß. Wir fahren weiter auf der D 430, die sich in Serpentinen auf über 1000 Meter Höhe

Stadt der Blumen und des Weins: Guebwiller. Freunde der klassischen Musik sollten die Konzerte in der Domikanerkirche nicht versäumen.

windet. In **le Markstein**, einem Wintersportort mit mehreren Hotels und Auberges, legen wir eine Pause ein. Bei »Steinlebach« werden preiswerte Mittagsmenüs serviert. Die Weiterfahrt wird weniger beschwerlich, wir haben den Höhenkamm erreicht und radeln auf der *Route des Crêtes* (D 430) gemächlich dahin. Die **Aussicht auf die Vogesengipfel** und einige blinkende **Gletscherseen** in den Tälern und Bergmulden ist einfach grandios und entschädigt für alle Plagen. Die *Route des Crêtes* wurde während des Ersten Weltkriegs vom französischen Oberkommando aus strategischen Gründen angelegt, um eine Nord-Süd-Verbindung der einzelnen Vogesentäler zu gewährleisten. Entlang der Straße liegen zahlreiche Fermes-Auberges. Das sind Bauernhöfe (meist mit Milchwirtschaft), die eine einfache Mahlzeit und meist auch eine preiswerte Übernachtung anbieten. Nach etwa einer Stunde Fahrt erreichen wir **Hohneck**, mit 1362 Metern einer der höchsten Vogesenberge. Hier verlief bis zum Ersten Weltkrieg die deutsch-französische Grenze. Eine kleine, sehr steile Straße zweigt vom Höhenkamm ab und führt auf den Gipfel des Bergmassivs. Der kleine Umweg (zu Fuß!) auf das **Dach des Elsaß** lohnt sich auf jeden Fall, denn von hier oben bietet sich ein **phantastischer Panoramablick** über das gesamte Elsaß: über Vogesen, Weinstraße und Rheinebene bis zum Schwarzwald. An klaren Tagen sind sogar die **Alpen** zu sehen. Das Gebiet um den Hohneck (La Bresse) ist ein bedeutendes französisches Wintersportgebiet. Nach dem Abstieg fahren wir einige Minuten weiter auf der *Route des Crêtes* und erreichen den **Hochgebirgsgarten** (Jardin d'altitude du Haut-Chitelet), der sich über 10 Hektar auf der linken Seite der Straße erstreckt – eine **faszinierende Hochgebirgslandschaft** auf 1228 Metern Höhe mit einem **Hochmoor**, in dem das Flüßchen Vologne entspringt und über 2900 Arten von

Er ist wieder da! Der Storch, das Symboltier des Elsaß, hat überlebt. Man findet ihn überall unterwegs auf den Radtouren.

Hochgebirgspflanzen aus allen Kontinenten der Erde. Dieser ungewöhnliche **Botanische Garten** wird von der Universität Nancy als Forschungsstätte genutzt. Für den Rundgang sollte man eine gute Stunde einkalkulieren. Anschließend haben wir uns eine kräftige Melkermahlzeit verdient, die mit dem unvermeidlichen Munsterkäse und einem würzigen Mirabelle abgeschlossen wird. In dieser Nacht werden wir in den Betten der „Ferme-Auberge des Trois-Four« schlafen »wie die Steine«.

Ausgangsort und Anfahrt
Guebwiller, Anfahrt mit dem Zug möglich.

Zielpunkt und Rückfahrt
Col de la Schlucht (Jardin d'Altitude), nur mit dem Bus erreichbar.

Übernachtungen und Einkehrmöglichkeiten
- *Le Markstein:* »Steinlebach«, einfache Herberge mit 7 Gästezimmern, Route des Crêtes, Tel. 89 82 61 87;
- *Col de la Schlucht:* (Jardin d'Altitude du Haut-Chitelet): »Ferme-Auberge des Trois-Four«, Bauernhof mit eigener Käserei, ideal auch als Ausgangspunkt für Wanderungen in den Hochvogesen (unbedingt vorbestellen!), Mo geschl., Tel. 89 77 31 14;
- *Campingplatz in Le Markstein*, Auberge du Markstein, Route des Crêtes, Tel. 89 82 61 84.

Öffnungszeiten
Botanischer Hochgebirgsgarten Mitte Juni–Mitte Okt. tägl. 8–12 und 14–17 Uhr geöffnet.

Auskunft
- *Guebwiller:* Office de Tourisme, 5,place St-Léger, Tel. 89 76 10 63;
- *Col de la Schlucht:* Über Syndicat d'Initiative in Munster, Tel. 89 77 31 80.

Karten
3615 IGN – Série Verte Nr. 31, 1:100 000; Michelin Atlas Routier France, S. 60, 1:200 000.

2. Etappe: *Col de la Schlucht – Col du Bonhomme – Ste.-Marie-aux-Mines– Ribeauvillé*

Etappenlänge
54 km.

Zeitdauer
7–8 Std.

Gelände/Steigungen
Hochgebirgsstrecke mit zum Teil sehr steilen und kurvenreichen Abfahrten, Höhenunterschiede bis zu 1000 m.

Sehenswertes am Weg
Aussichtspunkte auf Vogesengipfeln; Besucher-Silberbergwerk in Ste-Marie-aux-Mines.

Vom Botanischen Garten sind es noch 2 Kilometer bis zum **Col de la Schlucht**, mit 1258 Metern der höchste Vogesenpaß. Ein Fußweg (ca. 45 Min.) führt zum 1246 Meter hohen **Montabey-Gipfel**, von dessen **Aussichtsturm** sich ein **herrlicher Rundblick** bietet. Danach fahren wir weiter auf der ***Route des Crêtes*** und kommen bei Kilometer 5 (5 km hinter Col de la Schlucht) an einen kleinen Weg, der nach rechts zu einem **schönen Aussichtspunkt** führt: Der Blick fällt auf das **Munstertal** und den **Grünen See** (Lac Vert), der auch Soultzerensee genannt wird. Algen und schwimmende Moosflechten verleihen ihm seine grüne Farbe. Der nächste Aussichtspunkt über die **Bergwelt der Vogesen** ist ebenfalls über einen (gekennzeichneten) Fußpfad rechts von der ***Route des Crêtes*** erreichbar. Er führt zum Gipfel des 1303 Meter hohen **Gazon de Faing**, der von Gletschern zu einer runden Kuppe geschliffen worden ist. Unterhalb des Berges liegt ein Forellenweiher **Etang des Truites**. Dieser Teil der ***Höhenkammstraße*** eignet sich hervorragend als Ausgangspunkt für Wande-

Blumen, Sträucher und Gewächse aus allen Hochgebirgsregionen der Welt – der Hochgebirgsgarten an der Route des Crêtes.

rungen links und rechts der Route des Crêtes. Man kann sich ruhig etwas Zeit nehmen, da wir das Etappenziel Ribeauvillé auf abschüssigen Straßen ziemlich rasch erreichen. Eines dieser Ziele unterwegs wäre der **Weiße See** (Lac Blanc) am **Paß Col de Calvaire**. Das Gewässer ist bis zu 70 Meter tief, sein Boden wird von hellem Quarzsand bedeckt, der bei entsprechender Sonneneinstrahlung die Wasseroberfläche weiß glänzen läßt. An der Südspitze des Sees ragt der Felsen **Rocher Château Hans** auf. Auf ihm soll sich der Sage nach die Burg eines gewissen ***Hans von Felsenstein*** befunden haben. Der Ritter soll so abgrundtief böse gewesen sein, daß die Erde die Burg samt Besitzer verschlungen habe.
Es geht weiter auf der D 148, und wir erreichen den **Col du Bonhomme**, den zweiten wichtigen Vogesenpaß (949 m). Die **Bergstation** ist beliebtes Ziel von Wanderern, Touristenbussen und Wintersportlern. Wir werden wir uns in der Auberge »Col du Bonhomme« mit deftigen Elsässer Spezialitäten wie Boudin noir (gebratene Blutwurst) stärken. Danach fahren wir weiter auf der D 148 bis zum **Col de Bagenelles** und dann weiter auf der D 48. Nach 11 Kilometern haben wir **Ste.-Marie-aux-Mines** erreicht. Das Städtchen war vom 15. bis zum 20.Jahrhundert das Zentrum des ostfranzösischen Bergbaus. Geschürft wurde in ersten Linie nach Kupfer, Blei und vor allem nach Silber. Die Bergleute, die in Ste.-Marie und Umgebung rund 700 Kilometer Stollen in die Erde trieben, waren in erster Linie Gastarbeiter aus Sachsen, Böhmen, Thüringen und dem Harz. 1581 sollen Bergleute einen 592 kg schweren Silberblock aus der Erde gebrochen haben. Das

Berg- und Mineralienmuseum sowie die **Museumssilbermine St.-Barthélemy** dokumentieren auch die unmenschlichen Arbeitsbedingungen unter Tage.
Von Ste.-Marie-aux-Mines nehmen wir die D 416 nach **Ribeauvillé**. Vorsicht! Die Straße führt steil bergab durch tiefe Wälder ins Weinland. Sie sollten sich unbedingt auf ihre Bremsen verlassen können.
In Ribeauvillé (Ortsbeschreibung siehe Tour 3) endet unsere Fahrt durch die Vogesen.

Ausgangsort und Anfahrt
Col de la Schlucht (Jardin d'Altitude), Busverbindung nach Munster.

Zielpunkt und Rückfahrt
Ribeauvillé, Bahnhof ca. 4 km außerhalb.

Übernachtungen und Einkehrmöglichkeiten
- *Col du Bonhomme:* Restaurant »Col du Bonhomme«, Auberge mit 12 Zimmern, 1,Col du Bonhomme, Tel. 29 50 32 25;
- *La Petite-Lièpvre (kurz vor Ste.-Marie-aux-Mines):* »La Canardière«, Restaurant mit 6 Gästezimmern, Mi (abends) und Do geschl. Tel. 89 58 76 13;
- *Ribeauvillé:* »Au Cheval Blanc«, Hotel mit Restaurant (Mo geschl.), 122, Grand-Rue, Tel. 89 73 61 38.

Öffnungszeiten
- *Ste.-Marie-aux Mines:* Besucherbergwerk Mine d'Argent St-Barthélemy, nur im Sommer geöffnet, Zeiten beim Touristenbüro erfragen; Berg- und Mineralienmuseum im Gemeindehaus (Maison du Pays), Juni–Sept. tägl. 10–12 und 14–18 Uhr.

Auskunft
- *Ste.-Marie-aux-Mines:* Office de Tourisme, Maison du Pays, Place Prensereux, Tel. 89 58 80 50.

Karten
3615 IGN – Série Verte Nr. 31, 1:100 000; Michelin Atlas Routier France, S. 60/61, 1:200 000.

6 Über die Hügel des Nordelsaß: Rundtour von Wissembourg

Ausgangsort
Wissembourg (Weißenburg).

Zielpunkt
Wissembourg.

Etappenlänge
54 km.

Zeitdauer
ca. 8 Std.

Gelände/Steigungen
Es geht teils durch Hügelland, teils durch die Berge der Nordvogesen und des Pfälzerwaldes; Höhenunterschiede bis zu 210 m.

Sehenswertes am Weg
Altstadt von Wissembourg; Burgruinen von Fleckenstein; Hügelland des Nordelsaß'; Maginotlinie bei Schoenenbourg; Fachwerkdorf Hunspach.

Wissembourg, auf deutsch: Weißenburg, ist das **Elsässer Tor zur Pfalz**. Die in weiten Teilen noch **mittelalterlich wirkende Stadt** (7500 Einwohner) am Flüßchen Lauter zählt trotz ihrer Industrieansiedlungen zu den attraktivsten Zielen im Elsaß. Die Nähe zu Deutschland macht sich hier stärker als sonstwo in Frankreich bemerkbar. Die Weißenburger sprechen den nahezu gleichen Dialekt wie die Pfälzer jenseits der Grenze. Umgekehrt war Wissenbourg auch immer ein Wirtschafts- und gesellschaftliches Zentrum für die pfälzischen Nachbarn. Viele deutsche Winzer besitzen und bewirtschaften noch Weinberge auf französischem Boden. Und ein Teil der Bevölkerung von Wissembourg hat in Deutschland einen Arbeitsplatz.
Die Geschichte der Stadt geht bis ins 7. Jahrhundert zurück, als Benediktiner-

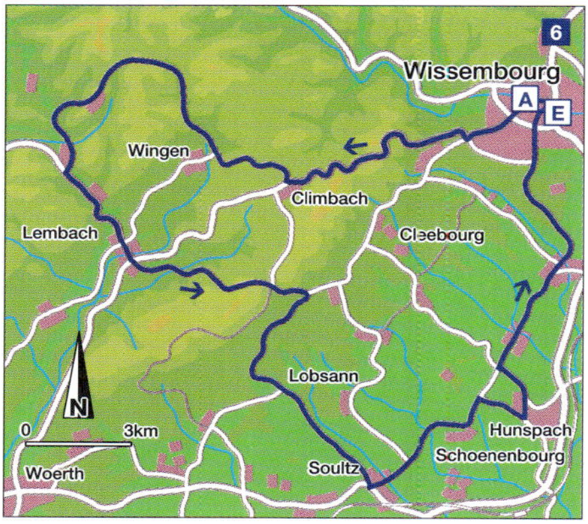

mönche auf einer Lauterinsel ein Kloster begründeten. ***Ottfried von Weißenburg***, ein Mönch dieser Abtei, hatte um 870 für ***Ludwig den Deutschen*** das ***Evangelien-Buch*** geschrieben, eine Deutung des Lebens Christi in moselfränkischer Sprache, die als älteste deutschsprachige Dichtung gilt. Das Original dieses Werkes befindet sich jetzt in der Wiener Staatsbibliothek. Das Kloster wurde durch große Landschenkungen 973 zu einer unabhängigen Reichsabtei und damit eines der bedeutendsten deutschsprachigen Geisteszentren des Mittelalters. Die ehemalige **Klosterkirche St. Pierre et St. Paul** (in der Avenue de la Sous-Préfecture) stammt allerdings weitgehend aus dem 13. Jahrhundert. Sie wurde auf den Fundamenten und Mauerresten eines 1074 geweihten Gotteshauses errichtet. Der (unvollendete) **Kreuzgang** gehört zu den eindrucksvollsten am gesamten Oberrhein. Besonders sehenswert sind auch die bunten **Glasfenster** aus dem 12. und 15. Jahrhundert. Die andere große Kirche Weißenburgs ist die **Eglise St. Jean** in der rue Presbytère. Von ihrer Kanzel predigte einst der Reformator ***Martin Bucer*** die Thesen Luthers. Hier wurde auch 1725 die Heirat des französischen Königs ***Ludwig XV.*** mit der polnischen Königstochter ***Maria Leszynska*** verkündet, die mit ihrem Vater, dem polnischen ***König Stanislaus***, nach ihrer Vertreibung sechs Jahre im Weißenburger Exil lebte. In der Stadtmitte steht am **alten Fischmarkt** (rue du Marché aux

Mittelalterliches Ambiente von Wissembourg (Weißenburg): Stadtmauer mit historischem Waschplatz. Hier „machten" die Frauen Wäsche.

Poissons) das **Maison du Sel**. Das Haus mit dem gewaltigen, dreigeschossigen Dach wurde um 1430 gebaut; es war das erste Hospital der Stadt und wurde später in einen Salzspeicher umgewandelt. Im **Holzapfelhaus** an der Ecke rue Nationale/rue des Cavaliers, einem Patriziergebäude aus dem 15. Jahrhundert und Sitz des kaiserlichen Vogts, nächtigte 1806 auch Kaiser *Napoleon*. Das **schönste Stadtviertel** Wissembourgs ist **Le Bruch**. Westlich der alten **Stadtmauer** erheben sich links und rechts der Lauter hübsche **Bürgerhäuser**, die aus dem 15.–17. Jahrhundert stammen. Besondere Beachtung verdient das **Maison de L'Ami Fritz**, ein Renaissance-Haus von 1550 mit einem malerischen Erker. Es diente 1932 als Kulisse für die Verfilmung des Romans »L'Ami Fritz«.

Wissembourg ist weit über seine Stadtgrenzen hinaus als Feinschmecker-Ziel bekannt. Zwei Adressen seien empfohlen: Das »L'Ange« in einem 500 Jahre alten Haus an der Lauter sowie das »Cygne« (Wildspezialitäten).

Wir starten unsere Tagestour in der Stadtmitte und fahren nach dem Kreisverkehr auf der D 77 Richtung **Bitche**. Nach 2 Kilometern gelangen wir an eine Kreuzung, an der wir nach rechts auf die D 3 Richtung **Lembach/Bitche** fahren. Nach den Steigungen des **Col du Pigeonnier** erreichen wir das Dorf **Climbach**, wo wir rechts nach **Wingen** abbiegen. Ein ziemlich steiler Weg führt an **Petite Wingen** vorbei über den **Col de Litschof** zum **Gimbelhof**, einem beliebten Rastplatz (mit Restaurant) für Wanderer. Von hier aus ist die **Burg Fleckenstein** zu Fuß zu erreichen. Die gewaltige Festung wurde im 12. Jahrhundert teils in ein Felsmassiv gehauen, teils auf dem Felsgipfel errichtet. Die Aussicht von der oberen Plattform ist grandios. Vom Fleckenstein fahren wir die

Wohnhaus mit gewaltigem, dreigeschossigem Dach, das über 500 Jahre alt ist: der Weißenburger Salzspeicher – Maison du Sel.

Straße bergab nach **Lembach** (Ortsbeschreibung siehe Tour 4). Wer die Rundfahrt hier beenden möchte, sollte nach einem feudalen Mittagessen im »Cheval Blanc« (Adresse siehe Tour 4) gemütlich nach Wissembourg zurückradeln – falls er die Energie dafür noch aufbringt. Die Unermüdlichen aber fahren vom Lembach weiter auf der D 65 nach **Col du Pfaffenschlick**: rechts abbiegen nach **Lobsann** und dann über die D 51 nach **Soultz-sur-Forêts**. Von dort sind es noch 3 Kilometer auf der D 264 bis nach **Schoenenbourg**. Hier steht die größte zugängliche Befestigungsanlage der **Maginotlinie** im Elsaß. Die **Ouvrage de Schoenenbourg** ist ein riesiger unterirdischer Komplex mit Gefechtsständen, Kraftwerk, Schlafräumen, Lazarett und Küchen. Für die Führung sollten über 2 Stunden eingerechnet werden. Nach diesen düsteren Bunkern und Artilleriewerk gönnen wir uns einen kurzen Abstecher (DF 249) nach **Hunspach**, das mit seinen hübschen, weiß gekalkten **Fachwerkhäusern** ein Nordelsässer Bilderbuchdorf darstellt. Rückfahrt auf der D 264 nach Wissembourg. Kurz bevor wir die Stadtgrenze erreichen, passieren wir den **Geisberg**, einen kleinen, nur

243 Meter hohen Hügel. Hier begann am 4. August 1870 mit einer blutigen Schlacht der Deutsch-Französische Krieg. Ein Denkmal erinnert an die Opfer.

Ausgangsort und Anfahrt
Wissembourg, Anfahrt mit dem Zug von Landau (Deutschland) oder Hagenau.

Zielpunkt und Rückfahrt
Wissembourg.

Radverleih
Office de Tourisme.

Übernachtungen unterwegs
• *Wissembourg:* »Hotel Alsace«, einfaches, preiswertes Haus ohne Restaurant, 16, rue Vauban, Tel. 88 94 98 43;
»Cygne«, historische Poststation mit gemütlichen Zimmern in der Stadtmitte. Sehr gutes Restaurant. Mi und Do (mittags) geschl., 3, rue Sel. Tel. 88 94 00 16;
Gimbelhof: »Ferme Auberge Gimbelhof« (Übernachten auf dem Bauernhof), Reservierung erforderlich, Mo und Di geschl., Tel. 88 94 43 58.

Einkehrmöglichkeiten
• *Wissembourg:* »A l'Ange«, der »Engel« ist ein Weißenburger Traditionslokal. Sehr gute Küche, Di (abends) und Mi geschl., 2, rue République, Tel. 88 94 12 11;
»Cygne«: Gänseleberpastete, Fisch und Wild sind die Spezialitäten auf der Karte. Adresse siehe »Übernachtungen«.

Öffnungszeiten
• *Wissembourg:* Musée Westercamp (Weißenburger Heimatmuseum in zwei Fachwerkhäusern aus dem 16. Jh.), 3, rue du Musée, Juni–Sept. tägl. außer Mi 10–12 und 14–18 Uhr;
• *Schoenenbourg:* Artilleriewerk, Mai–Sept. So 10–12 und 13.30–18 Uhr, Führungen (auch in deutsch) dauern über 2 Std.

Auskunft
• *Wissembourg:* Office de Tourisme, place République, Tel. 88 94 10 11.

Karten
3615 IGN – Série Verte Nr. 12, 1:100 000; Michelin Atlas Routier France, S.43, 1:200 000.

7 Die Tour der Versuchungen: durch die Weinberge um Wissembourg

Ausgangsort
Wissembourg.

Zielpunkt
Wissembourg.

Etappenlänge
54 km.

Zeitdauer
ca. 8 Std.

Gelände/Steigungen
Hügelige, teilweise bergige Landschaft, Höhenunterschiede bis zu 200 m.

Sehenswertes am Weg
Weinberge, Kellerei und Storchenzucht von Cleebourg, heiße Quelle in Merkwiller-Pechelbronn, Schlachtfelder von Woerth, Burgruine Wasigenstein.

Start wie gehabt in Wissembourg. Es geht in leicht hügeliges Gelände – und trotzdem muß unser Wille stark sein wie selten zuvor, denn wir fahren gleich zu Beginn eine Strecke der Versuchungen ab. Die ersten 20 Kilometer sind von mindestens drei guten Restaurants »gespickt«. Also: Wir fahren zunächst D 77 nach **Rott**, einem kleinen Winzerdorf. Hier beginnt die **Nordelsässer Weinenklave**. Die Rieslinge, so behaupten die Fachleute, haben nicht die gleiche Rasse wie an der Elsässer Weinstraße im Süden. Doch das heißt noch lange nicht, daß sie ungenießbar wären. Ganz im Gegenteil! Außerdem ist diese Gegend bekannt für ihren herrlichen, spritzigen Tokay d'Alsace. Das ist mitnichten die Elsässer Variante des schweren Ungarn-Weins, sondern die übliche Bezeichnung für Pinot gris, sprich Ruländer oder auch Grauburgunder. Hinter Rott steigt die Straße etwas an, und

nach einigen Kurven sehen wir auf der linken Seite das Anwesen der Winzergenossenschaft **Cave Coopérative Viticole de Cleebourg**, dem einzigen Weinproduzenten der Region – Versuchung Nr. 1. In der Probierstube kann man die Produkte des Hauses kosten und auch einige Flaschen für den Abend oder die Brotzeit unterwegs kaufen. Tip: den Crémant d'Alsace probieren, ein schöner trockener Sekt. Gleich nebenan lockt das Hotel à la Cave de Cleebourg, im Freundeskreis auch unter »Chez Max« bekannt; Versuchung Nr. 2. Die Küche des Hauses ist für ihren Fasan auf Weinkraut bekannt. Außerhalb der Jagdsaison sind die Weinbergschnek- ken sowie die Rinderlende in Senfsauce zu empfehlen. Dazu trinkt man die Weine der Region. Wer nach diesen Genüssen schon etwas schwächelt, kann ein ruhiges Hotelzimmer beziehen. Andererseits würde ein kurzer Spaziergang zur **Storchenaufzuchtstation** neben der Weinkellerei gut tun. Weiterfahrt nach **Cleebourg**, einem hübschen Weindorf mit **Fachwerkhäusern** und typischen **Winzerhoftoren**.

Es geht weiter auf der D 77 nach **Drachenbronn**, das mit seinen **Fachwerk-**

Ein historischer Straßenzug im Grenzstädtchen Wissembourg. Im Hintergrund der Turm der alten Abteikirche (re).

Herbst – Erntezeit. Winzerfrauen bei der Weinlese. Es ist die schönste Reisezeit im Elsaß.

häusern ebenfalls einen erbaulichen Anblick bietet. Besonders schön ist der Bauerngasthof »Moulin des Sept Fontaines« auf dem Weg nach Lobsann – Versuchung Nr. 3. Auch diese Ferme-Auberge bietet 5 Gästezimmer für Hängengebliebene. Wir aber fahren weiter auf der D 77 und erreichen nach etwa 5 Kilometern die Kleinstadt **Merkwiller-Pechelbronn**. Der Ort bietet gleich mehrere Sehenswürdigkeiten. Wie der Name Pechelbronn schon verrät, hat das Städtchen etwas mit Pech zu tun. Im 18. Jahrhundert sprudelte Erdöl aus dem Boden; Bauern glaubten, es sei Heilmittel und Pech. Sie schmierten mit dem Rohstoff ihre Wagenachsen und nannten den Ort Pechbrunnen. Später baute der Staat eine richtige Erdölindustrie auf, die das schwarze Gold bis 1970 förderte. Das **Musée du Pétrole** dokumentiert den Erdöl-Boom von Merkwiller-Pechelbronn. Eine andere Quelle sprudelt noch immer. Etwas abseits der Straße liegt warmer Wasserdampf über den Wiesen. Hier plätschert 65° C warmes Thermalwasser der **Hélionsquelle** aus einem Rohr. Es soll Rheumaleiden lindern. Die appetitlichste Attraktion von Merkwiller-Pechwiller ist jedoch die »Auberge Baechel-Brunn«: Versuchung Nr. 4 – und jetzt hören wir auf zu zählen. Simone und Jean-Paul Limmacher tischen u.a. einen phantastischen Lammrücken auf.

Wir fahren weiter auf der D 28 und erreichen nach 6 Kilometern **Woerth**, eine Kleinstadt mit einem hübschen **Renaissanceschloß** aus dem 16. Jahrhundert, dessen Turm jedoch aus dem Mittelalter stammt. Woerth hat während des Deutsch-Französischen Kriegs 1870/71 eine traurige Berühmtheit erlangt. Hier wurde am 6. August 1870 die Schlacht von Reichshoffen geschlagen, bei der 90 000 Deutsche nur 38 000 Franzosen gegenüberstanden. Am Ende lagen über 20 000 Tote auf dem Schlachtfeld. Das **Schloßmuseum** (Musée de la bataille) dokumentiert dieses schreckliche Ereignis. Die Schlacht wird auf einem großen Schaubild mit 4000 Zinnfiguren nachgestellt. Von Woerth geht's über die D 27 nach **Lembach**; dort fahren wir auf der D 3 bis nach **Niedersteinbach**, wo es kurz hinter dem Ortsende auf der D 190 nach **Wengelsbach** geht. Wir stellen unsere Räder auf dem Parkplatz Klingelfels hinter dem Ortsende ab und marschieren in etwa 20 Minuten auf einem ausgeschilderten Waldweg zur **Ruine Wasigenstein**, einer sagenumwobenen Burg auf einem Felsmassiv, die im 12. Jahrhundert errichtet und 1676 durch die französischen Truppen des Marschalls Montclar zerstört wurde. Der Wasigenstein ist einer der Schauplätze der ***Nibelungensage***. Laut ***Waltharilied*** sollen einst Walther, der Sohn des Gotenkönigs von Aquitanien, und Prinzessin Hildegund von Chalons hier gerastet haben. Die liebenden Königskinder waren aus der Gefangenschaft des Hunnenherrschers Etzel geflohen und hatten unermeßliche Schätze mitgenommen, die auch Nibelungenkönig Gunther haben wollte. Er stellte das Liebespaar mit seinen Rittern, unter denen sich auch der finstere Siegfried-Mörder Hagen von Tronje befand. Auf dem Wasigenstein kam es zu einem fürchterlichen Kampf, in dessen Verlauf der tapfere Walther zwölf Nibelungenritter erschlug. Als dann König Gunther und Hagen gegen den Goten-Prinzen antraten, gab es keine Sieger: Hagen von Tronje verlor ein Auge, Gunther ein Bein und Walther seine Schwerthand. Erschöpft schlossen die lädierten Helden Frieden. Walther und Hildegund heirateten, und wenn sie nicht gestorben sind … Rückfahrt über die D 190 bis **Niedersteinbach**. Und hier dürfen wir nun endgültig schwach werden. Im »Cheval Blanc«, einem ruhigen, komfortablen Bauerngasthof, tafelten schon Helmut Kohl und François Mitterrand gemeinsam, was keinesfalls gegen die Küche des Hauses spricht. Es gibt auch ruhige Zimmer. Andernfalls geht's über die D 3 zurück nach Wissembourg. Es sind ja nur noch schlappe 24 Kilometer.

Ausgangsort und Anfahrt
Wissembourg (siehe Tour 6).

Zielpunkt und Rückfahrt
Wissembourg.

Übernachtungen und Einkehrmöglichkeiten
- *Cleebourg:* »Hôtel à la Cave de Cleebourg«, Restaurant mit Gästezimmer, Route de Rott-Lobsann, Tel. 88 94 52 18;
- *Drachenbronn:* Ferme-Auberge »Moulin des Sept Fontaines«, Restaurant mit Gästezimmer, Mo und Do geschl., Tel. 88 94 50 90;
- *Merkwiller-Pechelbrunn:* »Auberge Baechel-Brunn«, Restaurant ohne Gästezimmer, So (abends), Mo (abends) und Di geschl. 3, Route de Soultz, Tel. 88 80 78 61 (keine Gästezimmer);
- *Niedersteinbach:* »Cheval Blanc«, Restaurant mit Gästezimmer (Schwimmbad, Tennis), Do geschl., Tel. 88 09 55 31.

Öffnungszeiten
- *Cleebourg:* Cave Coopérative Viticole de Cleebourg (Winzerverein mit Weinprobe und Verkauf) Mo–Sa 8–12 und 14–18 Uhr, So 9–12 und 14–18 Uhr;
- *Merkwiller-Pechelbrunn:* Musée du pétrole, Mairie de Merkwiller, Rue de l'Ecole, April– Okt So 15–17 Uhr;
- *Woerth:* Musée de la bataille, im Schloß Hanau-Lichtenberg, 2, rue du Moulin, April–Okt. tägl. 14–17 Uhr.

Auskunft
siehe Wissembourg (Tour 6).

Karten
3615 IGN – Série verte Nr. 12, 1:100 000; Michelin Atlas Routiers France, S. 43, 1:200 000.

8 Im wilden Westen: Bitche – Saverne

Ausgangsort
Bitche.

Zielpunkt
Saverne.

Etappenlänge
56 km.

Zeitdauer
ca. 8 Std.

Gelände/Steigungen
Fahrt durch die Nordvogesen, moderate, bisweilen längere Steigungen, Höhenunterschied 110 m.

Sehenswertes am Weg
Zitadelle Bitche; Römersteine und Glashütten in Lemberg; Rhein-Marne-Kanal.

Strenggenommen gehört unser Ausgangspunkt **Bitche** gar nicht mehr zum Elsaß, sondern bereits zu Lothringen. Die Stadt wird überragt von einer gewaltigen Festung, der **Zitadelle von Bitche**. Sie prägte die Geschichte des Ortes und seiner Umgebung. Die lothringischen ***Grafen Deux-Ponts-Bitche*** bauten im 12. Jahrhundert die erste Burg auf einem langgestreckten Felssockel. Im Laufe der Jahrhunderte wurde die Anlage mehrfach zerstört und wieder aufgebaut. Frankreichs König ***Ludwig XIV.*** ließ sie 1676 erst schleifen, dann vier Jahre später nach Plänen seines genialen Festungsbaumeisters ***Vauban*** größer und stärken denn je errichten. Doch bereits 1697 wurde die Zitadelle erneut zerstört, um 1740 als riesiges Fort nochmals zu entstehen. Diese Anlage, die immer wieder verstärkt wurde, hat die folgenden Kriege weitgehend überstanden. Die meisten oberirdischen Bauten sind ebenso wie die weitverzweigten unterirdischen Gänge intakt und können besichtigt werden. Nach dem Rundgang quartieren wir uns im Hotel »Relais des Châteaux Forts« ein und genießen die ausgezeichnete Regionalküche des Hauses. Aufbruch am nächsten Morgen. Über die D 37 geht's nach **Lemberg**, einem traditionellen Glashüttenort. Die Betriebe kön-

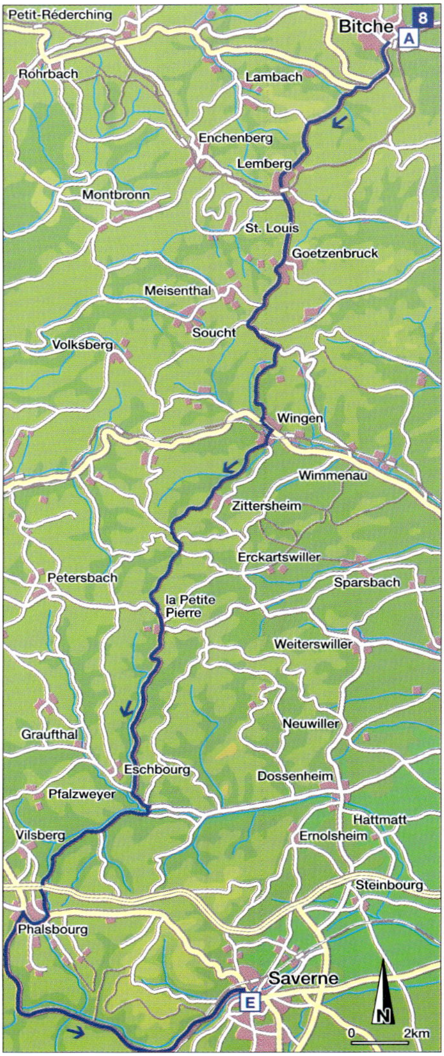

nen teilweise besichtigt werden. Die interessantesten Sehenswürdigkeiten sind wesentlich älteren Ursprungs. In den Zeiten der *Kelten* und *Römer*, die in diesem Gebiet siedelten, entstanden *gallo-romanische Felsenreliefs*, die im **Wald bei Lemberg** (ausgeschildert) zu sehen sind. Sie stellen Diana, die Jagdgöttin, und Silvanus, den Gott des Waldes, dar. Weiterfahrt auf der D 37 über **Goetzenbourg**, dann ab **Colonne de Wingen** auf der D 12 und D 256 nach **Wingen-sur-Moder** (Ortsbeschreibung siehe Tour 4, 2. Etappe). Nächste Station ist **La Petite-Pierre** (siehe Tour 4, 2.Etappe), wo wir eine kleine Pause einlegen. Dann geht's über die D 178 nach **Eschbourg** und **Hammerweyer**. Hier biegen wir nach rechts ab und gelangen über die D 133 und D 104 nach **Phalsbourg**. In diesem Städtchen gilt unser Interesse in erster Linie dem Gasthof von Monsieur Georges Schmitt an der Route Saverne. Er hat sein Restaurant »Au Soldat de l'An II« in einer alten, geschmackvoll restaurierten Scheune eingerichtet. Sie sollten von der Gänseleberpastete kosten und in der Jagdsaison den Wildhasen. Wunderbare Desserts.

Die Silhouette von Bitche. Die gewaltige Festung überragt die Dächer der Altstadt mit der Pfarrkirche.

Glücklicherweise ist die Weiterfahrt auf der D 38 bis **Lutzelbourg** nicht weiter dramatisch. Nach nur 4 Kilometern erreichen wir den **Rhein-Marne-Kanal**, an dessen idyllischem Wasserlauf wir gemütlich weiterradeln bis zu unserem Tourenziel **Saverne** (siehe Tour 3, 3. Etappe).

Ausgangsort und Anfahrt
Bitche, Anfahrt mit dem Zug von Saarbrücken oder Hagenau.

Zielpunkt und Rückfahrt
Saverne, Rückreise mit dem Zug (nach Straßburg).

Radverleih
Bitche (Info Officè de Tourisme), Saverne am Bahnhof (SNCF).

Übernachtungsmöglichkeiten
• *Bitche:* »Relais des Châteaux«, mittelpreisiges Hotel mit gutem Restaurant, Do und Fr (mittags) geschl., 6, quai E. Branly, Tel. 87 96 14 14; Saverne: siehe Tour 3, 3. Etappe.

Einkehrmöglichkeiten
• *Phalsbourg:* »Au Soldat de l'An II«, So (abends) und Mo geschl., 1, route de Saverne, Tel. 87 24 16 16.

Öffnungszeiten
• *Bitche:* Zitadelle März-15.Nov. tägl. 9–17 Uhr.

Auskunft
• *Bitche:* Office de Tourisme à la Mairie (im Bürgermeisteramt), Tel. 87 06 16 16; Saverne: siehe Tour 3.

Karten
3615 IGN – Série Verte Nr. 12, 1:100 000; Michelin Atlas Routier France, S. 42, 1:200 000.

9 Im Tal der Lauter: Wissembourg – Lauterbourg

Ausgangsort
Wissembourg.

Zielpunkt
Lauterbourg.

Etappenlänge
20 km.

Zeitdauer
3 Std.bei gemütlicher Fahrt.

Gelände/Steigungen
Durchweg flach, nur minimale Höhenunterschiede.

Sehenswertes am Weg
Romanische Kirche in Altenburg; Bienwaldlandschaft und Naturschutzgebiet an der Lauter; Kirche und Landauer Tor von Lauterbourg.

Wir verlassen Wissembourg auf der D 3 in Richtung Osten und kommen nach etwa 1Kilometer nach **Altenstadt**, das mittlerweile zu Wissembourg gehört, obwohl es eigentlich älter ist. An der ersten Kreuzung biegen wir nach links ab und erreichen nach wenigen hundert Metern eine kleine **romanische Kirche** aus dem 11.– 13. Jahrhundert. Sie steht an der Stelle der römischen Siedlung Concorde. Sollte es auf Mittag zugehen, kehren wir kurz um und fahren zurück bis zur Kreuzung, denn hier befindet sich mit der »Rôtisserie Belle Vue« eines der besten Restaurants der Umgebung. Maître Klaus wird gern von deutschen Gourmets besucht. Er hat sogar – in Frankreich eine absolute Rarität – deutsche Weine aus der benachbarten Südpfalz auf der Karte, die an Qualität ihren französischen „Kollegen" keinesfalls nachstehen.

Und wieder zurück durch Altenstadt. Nachdem wir die **Lauter** überquert haben, zweigen wir den nächsten Weg rechts ab, der am **Flugplatz von Schweighofen** vorbeiführt. Damit sind wir schon auf der pfälzischen, also deutschen Seite der Lauter. Wir werden im Laufe dieser gemütlichen Fahrt einige Male über die Grenze wechseln – ohne es zu merken.

Der Turmrundgang der Dreifaltigkeitskirche von Lauterbourg ist eine besondere Sehenswürdigkeit.

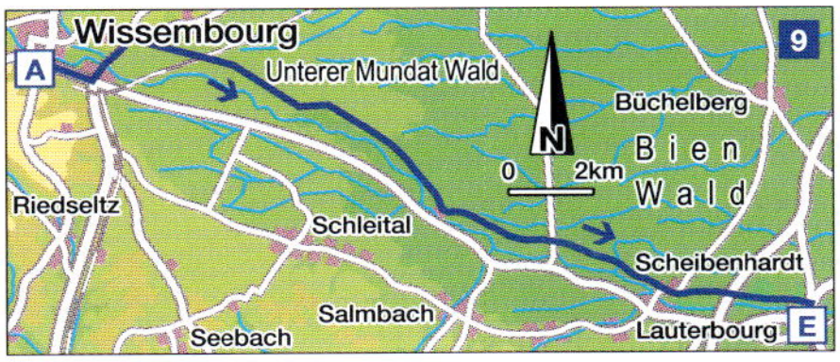

Wir bleiben auf unserem Weg entlang einer Bahnlinie, überqueren die Schienen und nehmen schließlich den ***Deutsch-Französischen Radwanderweg*** (Hinweisschild). Es ist eine herrliche Route durch den flachen, noch weitgehend naturbelassenen **Bienwald**, auf der rechten Seite fließt die Lauter wie vor Jahrhunderten; sie bildet seit Anfang des 19. Jahrhunderts die natürliche Grenze zwischen Frankreich und Deutschland. Inmitten dieses **Naturparadieses für seltene Tierarten** (Eisvogel, Neuntöter, Pirol) steht die **Bienwaldmühle**, heute ein Ausflugslokal mit Biergarten. Der kleine Weiler wurde bereits im 12. Jahrhundert als Besitztum der Abtei von Weißenburg urkundlich erwähnt. Weiterfahrt auf der L 545 , vorbei am **Salmbacher Forsthaus**. Jetzt geht's durch den **Mundatwald**, um den noch immer zwischen Deutschland und Frankreich gestritten wird. Zur Zeit steht er unter deutscher Verwaltung. Wir erreichen **Scheibenhardt**, jenes Dorf, das seit 1815 eine deutsche und französische Hälfte (Scheibenhard) und trotzdem ein intaktes Gemeindeleben hat, und kommen schließlich nach **Lauterbourg**; jetzt sind wir wieder im Elsaß. Lauterbourg war bereits 1258 Reichsstadt und hat eine wechselvolle Geschichte hinter sich. Im Zweiten Weltkrieg wurde es derart zerstört, daß fast die gesamte historische Bausubstanz vernichtet wurde. Immerhin blieben ein Teil der **alten Stadtbefestigung** wie der **Metzgerturm**, das **Renaissance-Rathaus** (1731), gegenüber der **ehemalige Bischofspalast** (1716) sowie die **Dreifaltigkeitskirche** (15. Jh.) mit ihrer auffälligen Turmkonstruktion erhalten. Und natürlich das **Landauer Tor**, erbaut vom Festungsbaumeister *Vauban*. Es macht gar nicht mal einen so martialischen Eindruck, denn hier befand sich einst die Wohnung des Nachtwächters von Lauterbourg. Wir lassen diese stille aber doch so vergnügliche Tour mit einem Essen im »A la Poêle d'Or« ausklingen, etwa mit gebratener Gänseleber mit Weintrauben, einem feinen Choucroute mit Fisch und einem raffinierten Dessert.

Ausgangsort und Anfahrt
Wissembourg (siehe Tour 6).

Zielpunkt und Rückfahrt
Lauterbourg, Bahnhof.

Radverleih
Wissembourg (siehe Tour 6).

Übernachtungen unterwegs
• *Lauterbourg:* »Au Cygne« (preiswertes Hotel mit Restaurant in der Ortsmitte), 39, rue du Général-Mittelhauser, Tel. 88 94 80 59;
• *Campingplatz in Lauterbourg* an der D 3, Les Mouettes, Tel. 88 54 68 60.

Einkehrmöglichkeiten
• *Altenstadt:* »Rôtisserie Belle Vue«, Mo und Di geschl., Tel 88 94 02 30;
• *Lauterbourg:* »Pôele d'Or«, 1 Michelin-Stern, Mi und Do geschl., 35, rue Général-Mittelhauser, Tel. 88 94 84 16.

Auskunft
• *Wissembourg:* Siehe Tour 6;
• *Lauterbourg:* Office de Tourisme, Hôtel de Ville, Tel. 88 54 63 20.

Karten
3615 IGN – Série Verte Nr. 12, 1:100 000; Michelin Atlas Routier France, S. 43, 1:200 000.

10 Am Rhein: Rundtour von Lauterbourg

Ausgangsort
Neulauterbourg.

Zielpunkt
Neulauterbourg.

Etappenlänge
29 km.

Zeitdauer
ca. 4 Std.

Gelände/Steigungen
Flachland, kaum Steigungen.

Sehenswertes am Weg
Altrheinarme und Auenlandschaft; Fachwerkdorf Mothern, Wallfahrtsort Neewiller.

Wir starten in Lauterbourg und radeln auf der D 240 in Richtung **Mothern**. Nach 1Kilometer biegen wir links auf die D 3 in Richtung **Port du Rhin** (Rheinhafen) ab. Der ausgeschilderte Radweg führt am Rhein entlang nach Mothern, einem hüb-

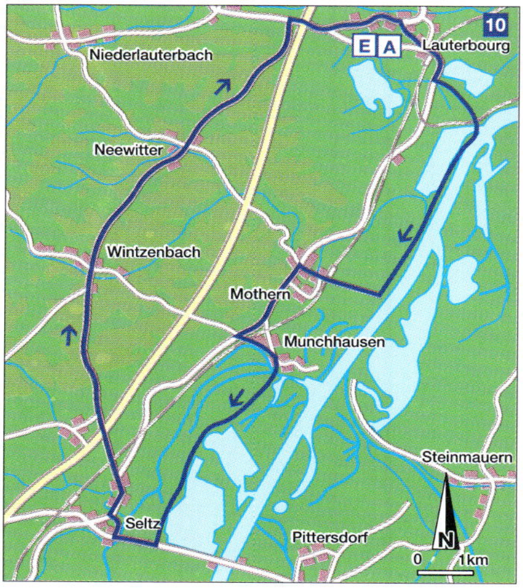

Idyllische Natur an einem Altrheinarm. Fischerboote dümpeln am Ufer. Eine Szene wie vor hundert Jahren.

schen **Fachwerkdorf**. Der Ort war früher ein Dorf der Fischer und Rheinschiffer, die teilweise bis nach Holland fuhren. Diese Zeiten sind vorüber. Die meisten Männer der Gemeinde arbeiten bei Mercedes im deutschen Wörth oder in Karlsruhe. An die Schifferzeit erinnert noch das Wirtshaus »A l'Ancre« (Zum Anker), wo auch heute noch hervorragende Fischgerichte serviert werden. Wir fahren weiter auf der D 248 und biegen bei **Munchhausen** nach rechts auf die D 80 wieder zum Rhein. Es geht nun auf einem befestigten Weg Richtung **Seltz** durch eine scheinbar unberührte **Riedlandschaft** von Bachmündungen, Seen und Altrheinarmen. Hier haben Reiher, Störche aber auch Rehwild und Hasen eine Heimat gefunden. Von Seltz geht unsere Tour über die N 63 nach **Wintzenbach** und von dort nach **Neewiller-près-Lauterbourg**. Das kleine Dorf wird einmal im Jahr von Gläubigen überflutet. Am 13. Juni pilgern Sinti und Roma zur Kapelle des heiligen Antonius (St. Antoine). Die Holzfigur des Heiligen hatte angeblich eine gelähmte Zigeunerin geheilt. Deshalb errichteten ihre Angehörigen Anfang des 19. Jahrhunderts diese Kapelle. »Wer Wunder sucht und Heilung will, bei Sankt Antonius find' man viel!«, steht im Gotteshaus geschrieben. Über **Scheibenhard** kehren wir nach Lauterbourg zurück.

Ausgangsort und Anfahrt
Neulauterbourg.

Zielpunkt und Rückfahrt
Neulauterbourg.

Übernachtungen und Einkehrmöglichkeiten
- *Mothern:* »A l'Ancre«, Hotel mit ausgezeichnetem Restaurant, 2 rue de Lauterbourg, Tel. 88 94 81 99.
- *Seltz:* » Auberge de la Fôret«, Restaurant mit Weinstube, regionale Spezialitäten, So (abends) und Mo. geschl., 42, rue de Strasbourg, Tel. 88 86 50 45.

Auskunft
Lauterbourg, siehe Tour 9.

Karten
3615 IGN – Série Verte Nr. 12, 1:100 000; Michelin Atlas Routier France, S. 43, 1:200 000.

11 Durch den heiligen Wald von Hagenau

Ausgangsort
Hagenau.

Zielpunkt
Hagenau.

Etappenlänge
40 km.

Zeitdauer
5–6 Std.

Gelände/Steigungen
Flaches Waldgebiet und leichte Steigungen, Höhenunterschiede ca. 110 m.

Sehenswertes am Weg
Kirchen und Museen in Hagenau; Wald und Lehrpfad im Hagenauer Forst; Abteikirchen in Surbourg und Walbourg.

Hagenau (franz. Haguenau) ist die viertgrößte Stadt des Elsaß. Im Mittelalter spielte der Ort eine herausragende Rolle. Kaiser ***Friedrich I. Barbarossa*** errichtete hier seine Kaiserpfalz, die ihm zur Lieblingsresidenz wurde. 200 Jahre später wurde Hagenau Zentrum des ***elsässischen Zehnstädtebundes***. Mitte des 16. Jahrhunderts hatte die Stadt 60 000 Einwohner. Von dieser Vergangenheit ist leider nur noch ziemlich wenig zu sehen, denn Hagenau wurde im Laufe seiner Geschichte – zuletzt während des Zweiten Weltkriegs – flächendeckend zerstört. Dennoch ist die Stadt einen Besuch wert, denn sie bietet etliche bedeutsame Sehenswürdigkeiten wie die **Kirche St. Georges** (Rue St. Georges) aus dem 12. und 13. Jahrhundert mit den **ältesten Glocken** des Elsaß (1268) oder die **Kirche St. Nicolas** (Grand' Rue), die 1189 von Barbarossa gestiftet wurde. Zwei außergewöhnliche Museen sollten beim Stadtrundgang nicht vergessen werden. Das

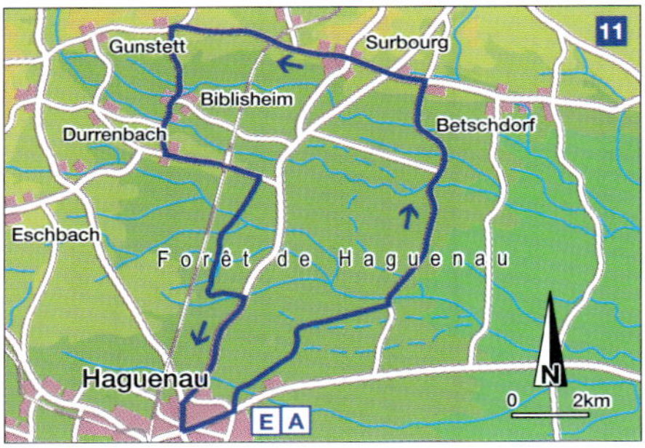

Musée Alsacien an der Place Joseph Thierry zeigt u. a. Trachten aus dem 15.–18. Jahrhundert. Das **Musée Historique** (Rue du Maréchal Foch) stellt Funde aus der ***Bronze- und Eisenzeit*** sowie der ***Antike*** aus, die aus dem nahen Hagenauer Forst stammen. Danach gehen wir ins »Barbarousse« und geben uns den gleichermaßen deftigen wie edlen Genüssen der Regionalküche hin, wie z. B. dem Zander auf Sauerkraut. Preiswerter Mittagstisch!

Thema unserer ersten Route rund um Hagenau ist der **Hagenauer Forst**, mit rund 15 000 Hektar bewachsener Fläche eines der größten Waldgebiete Frankreichs. Der Baumbestand besteht überwiegend aus Kiefern, aber auch aus Erlen, Weißbuchen, Buchen, Eschen und Eichen. Zahlreiche **Hügelgräber** zeugen von einer frühen, ***prähistorischen Besiedelung***. Im Mittelalter sicherte der Holz- und Wildreichtum des Waldes den Hagenauern ihren Wohlstand. Die Stadt wurde nicht zuletzt deshalb ***Lieblingsresidenz Barbarossas***, weil eines der besten Jagdreviere direkt vor ihren Toren lag. Wir beginnen unsere Rundfahrt im östlichen

Das Stadttor von Hagenau, ein Überbleibsel der mittelalterlichen Stadtbefestigung, das den Zweiten Weltkrieg überstanden hat.

Stadtteil Marxenhouse, überqueren die N 63 und sind auf einem Radler- und Spazierweg mit der Beschilderung ***Sentier du Gros Chêne*** schon im Forst. Nach etwa 20 Minuten erreichen wir **Le Gros Chêne**, die große Eiche oder zumindest das, was ein Blitzschlag im Jahr 1913 von dem **jahrhundertealten Baum** übriggelassen hat. Seine Reste sind in Zement gegossen. Daneben steht eine moderne Kapelle, zu der am Patronatsfest des ***heiligen Arbogast*** (letzter So. im Juli) zahlreiche Gläubige pilgern. An dieser Stelle, so die Legende, soll sich nämlich m 6. Jahrhundert die Einsiedelei des St. Arbogastus befunden haben, der später Bischof von Straßburg wurde. Er gründete rund um Hagenau zahlreiche Klöster, weshalb der Forst auch Heiliger Wald heißt. Wir nehmen weiter den ***Forstweg*** bis **Schwabwiller**. Zeit für eine kleine Stärkung, die wir im Restaurant »A la Couronne« im nahen **Betschdorf** zu uns nehmen. Von dort geht's wieder zurück über Schwabwiller und die D 243 nach **Surbourg**. Hier soll St. Arbogast 570 das erste Kloster des Elsaß gegründet haben. Sein Gönner war der merowingische König Dagobert, dessen Sohn der heilige Mann nach einem schweren Jagdunfall geheilt haben soll. Die heutige **Stadtpfarrkirche** stammt mit ihren ältesten Teilen jedoch aus dem 11. Jahrhundert. Es geht weiter über die D 250. Nach etwa 6 Kilometern biegen wir nach links nach **Biblisheim** ab; von dort sind es nur noch wenige Minuten bis **Walbourg**. Die gotische **Abteikirche** aus dem 15. Jahrhundert (**bemalte Kirchenfenster**!) ist ein Überbleibsel einer Benediktinerabtei, die 1074 von bayerischen Mönchen gegründet wurde. Sie verehrten die ***heilige Walburga*** und gaben ihrem Kloster den Namen ihrer Patronin. Nach dem Verlassen von Walbourg überqueren wir auf der D 72 die Eisenbahnlinie und biegen kurz danach rechts in einen Forstweg ein, über den (und die D 263) wir schließlich wieder Hagenau erreichen.

Ausgangsort und Anfahrt
Hagenau; Anfahrt mit dem Zug aus den Richtungen Straßburg, Wissembourg und Ingwiller.

Zielpunkt und Rückfahrt
Hagenau.

Radverleih
Info über Office de Tourisme.

Übernachtungsmöglichkeiten unterwegs
• *Hagenau:* »Europe«, schönes, preiswertes Hotel mit Schwimmbad außerhalb des Zentrums, 15, av. Prof. R. Leriche, Tel. 88 93 58 11; »Kaiserhof«, eines der besten Häuser der Stadt, 119,Grand-Rue, Tel. 88 73 43 43;
• *Betschdorf:* »A la Couronne«, der Kronenhof (preiswerte Zimmer) hat auch ein preiswertes Restaurant, 28, rue Docteur-Deutsch, Tel. 88 54 42 49.

Einkehrmöglichkeiten
• *Hagenau:* »Barbarousse«, feine Elsässer Spezialitäten, günstiges Mittagsmenü, So (abends) und Mo geschl., 8, place Barbarousse, Tel. 88 73 31 09;
• *Betschdorf:* »A la Couronne«, Adresse siehe oben, So (abends) und Mo geschl.

Öffnungszeiten
• *Hagenau:* Musée Alsacien (Heimatmuseum), 1,place Thierry, Mo–Fr 8–12 und 14–18 Uhr, Sa und So 14–17 Uhr, Di vormittags geschl.;
Musée Historique (Historisches Museum), 9, rue Maréchal-Foch; Mo–Fr 10–1 2 und 14–18 Uhr, Sa u. So 15–17.30 Uhr, Di geschl.

Auskunft
Hagenau: Office de Tourisme, Place de la Gare, Tel. 88 93 70 00.

Karten
3615 IGN – Série Verte Nr. 12, 1:100 000; Michelin Atlas Routier France, S. 43, 1:200 000.

12 Zu den Töpferdörfern – auf Goethes Spuren

Ausgangsort
Hagenau.

Zielpunkt
Hagenau.

Etappenlänge
45 km.

Zeitdauer
ca. 7 Std.

Gelände/Steigungen
Weitgehend flach, kaum Höhenunterschiede.

Sehenswertes am Weg
Wallfahrtsort Marienthal; Goethe-Gedenkstätte in Sessenheim; Töpferdörfer Soufflenheim und Betschdorf, Hagenauer Forst.

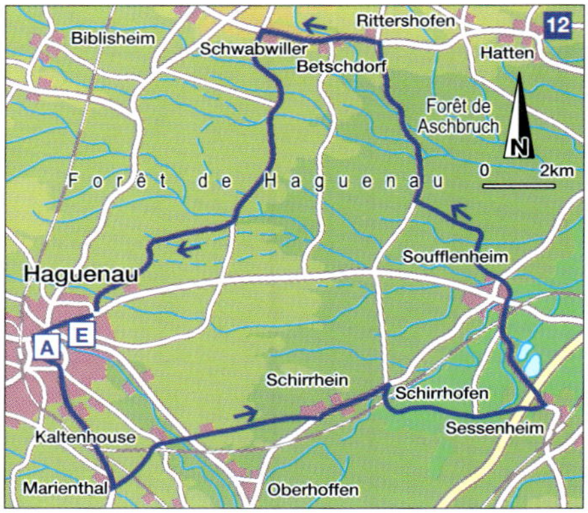

Wir fahren von Hagenau auf der D 48 nach **Marienthal**, einem weniger bekannten Marienwallfahrtsort mit Kapelle, Votivbildern und Statuen. Populärer ist das »Relais Princesse Maria Leczinska«, ein ausgezeichnetes Restaurant, das nach jener polnischen Königstochter benannt ist, die im 18. Jahrhundert den französischen König Louis XV. geheiratet hat. Die anschließende Verdauungstour führt uns über die D 99 nach **Kaltenhouse**, **Schirrhein** und **Schirrhofen**. Dort zweigen wir rechts ab auf die D 137 und erreichen nach 5 Kilometern **Sessenheim**. Es war einst der Lieblingsort des jungen Straßburger Studenten ***Johann Wolfgang von Goethe***, der sich dort 1770 in die berühmte ***Friederike***, Tochter des Pfarrers ***Johann Jakob Brion,*** verliebt hatte. So oft er konnte, eilte Goethe von Straßburg nach Sessenheim, um mit der Angebeteten händchenhaltend die Rheinauen zu durchstreifen. Angeblich hat er später das ***Heideröslein*** für Friederike geschrieben. Dem Ort hat die Romanze nur gutgetan. Noch immer wandeln zahlreiche Touristen auf den Spuren Friederikes und Johann Wolfgangs, etwa ins **Goethe-Memorial** oder auch in die »Auberge du Boeuf«, wo nicht nur ausgezeichnete Speisen serviert, sondern auch *Goethe-Schriften und -Briefe* ausgestellt werden. Derart gestärkt radeln wir weiter; über die D 73 erreichen wir **Soufflenheim**, den bekanntesten **Töpferort** des Elsaß'. In über zehn Werkstätten, in denen man den Handwerkern bei ihrer Arbeit zuschauen kann, werden vor allem Keramikwaren, Guglhupf-Formen, Weinkrüge

Die Kunst der Elsässer Töpfer in Keramik – die Werbetafel eines Soufflenheimer Betriebs.

Töpferwaren aus Soufflenheim: kunstvoll bemalte und glasierte Teller, Töpfe und Schalen zu annehmbaren Preisen.

und »Baeckeoffe«-Auflaufschüsseln hergestellt. Günstige Einkaufsmöglichkeiten. Die interessanteste Sehenswürdigkeit ist die lebensgroße **Keramik- Nachbildung des Abendmahls** von Leonardo da Vinci **auf dem Friedhof** der Gemeinde. **Betschdorf**, das zweite bekannte Töpferdorf, erreichen wir nach 10 Kilometern auf der D 334, die quer durch den **Hagenauer Forst** führt. Der Ort ist berühmt für seine blauen, glasierten Tonkrüge und Töpfe, die zwar nicht feuerfest, aber wasserdicht sind. Rückfahrt nach Hagenau über **Schwabwiller**, dann den Forstweg *Sentier du Gros Chêne* (siehe auch Tour 11) nehmen.

Ausgangsort und Anfahrt
Hagenau siehe Tour 11.

Zielpunkt und Rückfahrt
Hagenau.

Radverleih
siehe Tour 11.

Übernachtungen unterwegs
• *Sessenheim:* »La Croix d'Or«, preiswertes Hotel ohne Restaurant, Tel. 88 86 97 32;
• Betschdorf: siehe Tour 11.

Einkehrmöglichkeiten
• *Marienthal:* »Relais Princesse Maria Leczinska«, So (abends) und Mo geschl., 1, rue Rothbach, Tel. 88 93 70 39;
• *Sessenheim:* »Auberge du Boeuf«, Elsässer Spezialitäten (gute Kuchen) und kleine Goethe-Ausstellung, Mo und Di geschl., 1, rue Goethe, Tel. 88 86 97 14;
• *Soufflenheim:* »A la Couronne«, preiswertes Mittagsmenü, Mo geschl., 21,Grand-Rue Soufflenheim, Tel, 88 86 62 41.

Öffnungszeiten
• *Sessenheim:* Memorial Goethe Museum, Rue Frédérique-Brion, tägl. 9–19 Uhr.

Auskunft
Hagenau (siehe Tour 11); Soufflenheim: Office de Tourisme, Tel. 88 86 74 90.

Karten
3615 IGN – Série Vertr Nr. 12, 1:100 000; Michelin Atlas Routier France, S. 43, 1:200 000.

13 Familienausflug nach Morsbronn

Ausgangsort
Hagenau.

Zielpunkt
Hagenau.

Etappenlänge
25 km.

Zeitdauer
4 – 5 Std.

Gelände/Steigungen
Weitgehend flach, kaum Höhenunterschiede.

Sehenswertes am Weg
Wallfahrtsort Marienthal; Goethe-Gedenkstätte in Sessenheim; Töpferdörfer Soufflenheim und Betschdorf, Hagenauer Forst

Der gemütliche Halbtagesausflug führt uns von **Hagenau** über die D 27 durch den **Hagenauer Forst** nach **Morsbronn-les-Bains**, einem Ort wahrer Erholung. 1908 wurde dort eine warme **Thermalquelle** gefunden, d. h. wiederentdeckt, denn höchstwahrscheinlich badeten schon die alten ***Römer*** ihre müden Knochen in ihrem Heilwasser. Jedenfalls entstand in Morsbronn ein **Kurzentrum** für rheumatische Erkrankungen, das auch sonst alle Möglichkeiten des Relaxens bietet: Schwimmbad, Saunen, römische Bäder etc. Familien mit Kindern sei der Ausflug in den **Themenpark Fantasialand** empfohlen. Ein Besuch im Restaurant »La Marne« rundet unseren Besuch in Morsbrunn ab, bevor wir uns in aller Ruhe wieder zurück (über die D 27) durch den Hagenauer Forst nach Hagenau aufmachen.

Innerhalb einer guten Stunde sind wir an unserem Ausgangspunkt – und haben noch genügend Zeit für einen abwechsungsreichen Museums – oder Restaurantbesuch (siehe Route 11).

Ausgangsort und Anfahrt
Hagenau, siehe Tour 11.

Zielpunkt und Rückfahrt
Hagenau, siehe Tour 11.

Übernachtungen und Einkehrmöglichkeiten
- *Morsbronn-les-Bains:* »La Marne«, Hotel (Sauna etc.) mit Restaurant, 19,route de Haguenau, Tel. 88 09 30 53.

Öffnungszeiten
Fantasialand in Morsbronn, Infos unter Tel. 88 09 39 96.

Auskunft
Morsbronn-les-Bains, Auskünfte bei der Gemeindeverwaltung (Mairie), Tel. 88 09 34 64..

Karten
3615 IGN – Série Verte Nr. 12, 1:100 000; Michelin Atlas Routier France, S. 43, 1:200 000.

14 Im Westhoffener Wald

Ausgangsort
Wasselonne.

Zielpunkt
Wasselonne.

Etappenlänge
24 km.

Zeitdauer
3–4 Std.

Gelände/Steigungen
Erst flach, dann Steigungen, die Anforderungen an die Kondition stellen, Höhenunterschied bis 250 m.

Sehenswertes am Weg
Silbermann-Orgel und Friedhofkanzel von Wasselonne; Altstadt, Burg und Synagoge in Westhoffen; Westhoffener Wald.

Wasselonne ist eine Kleinstadt in den Vorvogesen, die bereits 754 erstmals urkundlich, wenn auch mit mystischem Hintergrund, erwähnt wurde: Eine *gottgeweihte Jungfrau* habe den Ort Wazzelenehem dem Kloster Hornbach geschenkt. Von der früheren Burg, die stets ein Zankapfel zwischen dem deutschen Kaiser und den Bischöfen von Straßburg war, sind nur mehr die **Reste eines Rundturms** übriggeblieben, von der alten Stadtbefestigung ein **Stadttor mit Turm**. Eine Kuriosität ist die freistehende **Kuppelkanzel** (17.Jh.) auf dem Friedhof. Die **Orgelkonzerte** in der **evangelischen Stadtpfarrkirche** (18. Jh.) an der Place du Général Leclerc sind besonders beliebt. Das Instrument stammt vom berühmten *Orgelbauer Silbermann*. Einmal im Jahr ist in Wasselonne »der Teufel los«: Am letzten Sonntag und Montag im August wird mit einem beeindruckenden **Blumenkorso Jahrmarkt** gefeiert.

Wir brechen zu unserer **Rundfahrt in Richtung Süden** (D 75) auf. Nach 4 Kilometern kommen wir nach **Westhoffen**, einem mittelalterlich anmutenden Dorf, das um 740 gegründet wurde und zur Abtei Wissembourg gehörte. Die lutherische **Hallenkirche** (sehr schöne **Glasmalerei** in den Chorfenstern) stammt aus dem 13./14. Jahrhundert. Der romantische Ort wird noch weitgehend von einer **Stadtmauer** mit mehreren Türmen umgeben. Zu Westhoffen gehört die **Ruine der Rosenburg**, die im 14. Jahrhundert vom *Orden der Deutschherren* errichtet wurde. Das Dorf hatte eine traditionell große *jüdische Gemeinde*. Davon zeugt die alte **Synagoge**. Westlich von Westhoffen bietet der Geierstein-Pavillon (ausgeschildert) einen herrlichen Ausblick auf das Weinstädtchen.

Wir fahren weiter auf der D 75 nach **Bergbieten**, von dort über die D 275 nach **Balbronn**, einem Dorf mit **romanischer Kirche** und hübschen **Fachwerkhäusern**. Wir halten uns weiter auf der D 275 und biegen nach 5 Kilometern rechts ab in einen *Forstweg* mit grüner Pfeil-Markierung. Der Rest unserer Strecke führt durch den **Westhoffener**

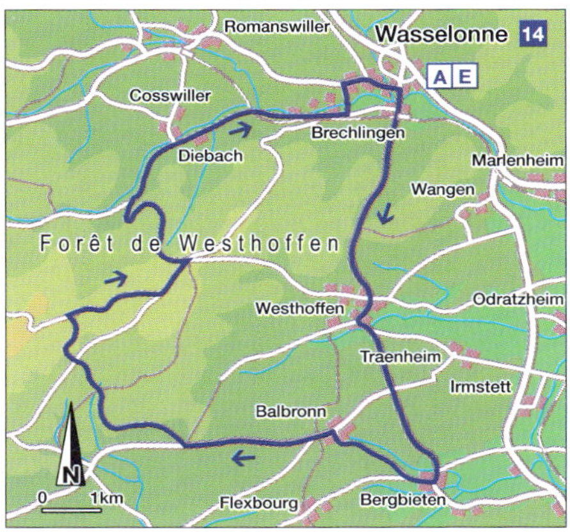

Alltag in einem beschaulichen Elsässer Dorf: der Postbote bei der Arbeit.

Forst, ein herrlichens Waldgebiet von 940 Hektar Größe, mit schönen alten Eichen und Kastanien. Zunächst erreichen wir **Forsthaus Elmerforst** (1755) mit seiner bekannten **Jaegerschmidt-Eiche** und den Resten eines ehemaligen Dorfes. Hier läßt es sich bei gutem Wetter unter freiem Himmel vortrefflich Brotzeit machen. Oder wir radeln weiter zum **Forsthaus Geissweg**, wo wir sogar unter hohen Sequoia-Bäume rasten können. Vom Geissweg führt eine nach links abzweigende Forststraße (in Richtung Cosswiller) entlang des Sathbachs in das reizvolle Dreibrunnental – eine interessante Ergänzung. Zurück nach Wasselonne sind es von Geissweg noch 7 Kilometer auf dem Forstweg, immer entlang des grünen Pfeils.

Ausgangsort und Anfahrt
Wasselonne, Anfahrt mit dem Zug möglich.

Zielpunkt und Rückfahrt
Wasselonne, Rückreise mit dem Zug möglich.

Übernachtungen und Einkehrmöglichkeiten
• *Wasselonne:* »Au Saumon«, empfehlenswertes Restaurant mit 12 Gästezimmern, So (abends) und Mo geschl., rue Général-de-Gaulle, Tel. 88 87 01 83;
• *Westhoffen:* »Auberge du Père Floranc«, ruhiges Hotel mit Spezialitätenrestaurant, So (abends) und Mo geschl., 9, rue Herzog, Tel. 88 80 79 14.

Auskunft
• *Wasselonne:* Office de Tourisme, Place Général-Leclerc, Tel. 88 87 03 28.

Karten
3615 IGN – Série Verte Nr. 12, 1:100 000; Michelin Atlas Routier France, S. 42/43, 1:200 000.

15 Am Kanal de la Bruche: Molsheim – Straßburg

Ausgangsort
Molsheim.

Zielpunkt
Straßburg.

Etappenlänge
25 km

Zeitdauer
3–4 Std.

Gelände/Steigungen
Der Weg geht 18 km weit am Kanal entlang, keine Steigungen.

Sehenswertes am Weg
Schloß Turckheim in Dachstein; Dompeter in Avolsheim; Landschaft am Bruchekanal.

Unsere Strecke ist Teil eines bekannten *europäischen Radwanderwegs*. Wir verlassen **Molsheim** (Infos siehe Tour 3) und fahren zunächst auf der D 30 in Richtung Nordosten nach **Dachstein**. Der Ort wird teilweise noch von einer **mittelalterlichen Stadtmauer** umgeben. Besonders sehenswert: das **Turckheim-Schloß** sowie die **Pfarrkirche mit gotischem Chor**.
Es geht weiter auf der D 127 nach **Avolsheim**. Der Ort ist weit über die elsässischen Grenzen hinaus bekannt; zwei Sakralbauten haben ihn berühmt gemacht. Da wäre zunächst die **Chapelle St. Ulrich**, eine Kapelle in Kleeblattform. Sie wurde um das Jahr 1000 gebaut, ihre ältesten Teile gehen vermutlich sogar auf das 9. Jahrhundert zurück. Leider wurde die Kapelle im 18. Jahrhundert mehrfach umgebaut, so daß Kunsthistoriker sogar von einer »Verstümmelung« sprechen. Das Innere birgt indessen einen großen Kirchenschatz: Die **Originalfresken** stammen aus dem 12. Jahrhundert. Etwa 500 Meter außerhalb des Dorfes erhebt sich neben einer **uralten Linde**, inmitten eines von Feldern umsäumten Friedhofs, der sog. **Dompeter**, mutmaßlich die **älteste Kirche des Elsaß**. Der dreischiffige,

Das Kleinod von Molsheim: das Renaissancegebäude (von 1554) der Metzgerzunft, heute ein Museum.

frühromanische Bau wurde 1049 von *Papst Leo IX.*, selbst ein Elsässer aus Eguisheim, geweiht. Man kann jedoch davon ausgehen, daß das Gotteshaus auf den Fundamenten einer wesentlich älteren, vermutlich aus dem 7. Jahrhundert stammenden Basilika errichtet wurde. Nach einem Blitzeinschlag im 18. Jahrhundert hat man den Turm rekonstruiert.
Wir radeln auf der D 127 zurück über Dachstein Richtung **Ergersheim**. An der Brücke über den **Bruchekanal** nehmen wir den mit einem blauen Radlersymbol ausgezeichneten Radweg der stets am Kanal und teilweise an der Bruche entlangführt – eine ganz lockere Spazierfahrt, auf der wir bequem **Straßburg** erreichen und uns dort **Richtung Centre Ville** halten, bis wir die **Altstadt** oder das **Münsterviertel** erreicht haben.
Für die Unermüdlichen: Der gleiche (ausgeschilderte) Radweg führt weiter über die Grenze und den Rhein nach **Kehl** und **Offenburg** in die liebliche **Ortenau**, dem Weingebiet an den Hängen des Schwarzwalds. Das sind dann noch 24 Kilometer.

Ausgangsort und Anfahrt
Molsheim, Anfahrt mit dem Zug möglich.

Zielpunkt und Rückfahrt
Straßburg bzw. Offenburg; Rückweise mit Zug.

Radverleih
• *Molsheim:* Office de Tourisme; außerdem bei Motsch, Place Hôtel de Ville.

Übernachtungen unterwegs
• *Molsheim:* »Cheval Blanc«, Hotel mit Restaurant im Zentrum, 5,place de l'Hôtel de Ville, Tel. 88 38 16 87;
• *Straßburg:* siehe Tour 1.

Einkehrmöglichkeiten
• *Molsheim:* siehe Tour 3;
• *Straßburg:* siehe Tour 1.

Öffnungszeiten
Straßburg: siehe Tour 1.

Auskunft
• *Molsheim:* siehe Tour 3;
• *Straßburg:* siehe Tour 1.

Karten
3615 IGN – Série Verte Nr. 12, 1:100 000; Michelin Atlas Routier France, S.43, 1:200 000.

Der Storch ist wieder heimisch im Elsaß.

16 Am Rhein-Rhône-Kanal und im Sauerkraut-Land

Ausgangsort
Straßburg.

Zielpunkt
Straßburg.

Etappenlänge
50 km.

Zeitdauer
7–8 Std.

Gelände/Steigungen
Flach, keine Steigungen.

Sehenswertes am Weg
Rhein-Rhône-Kanal, Tabakdorf Hindisheim, Sauerkraut-Tempel »Schadt« in Blaesheim.

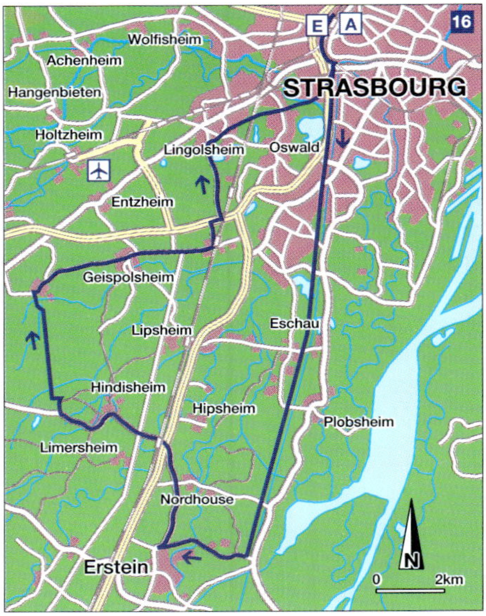

Etwa 400 Meter südlich der **Barrage Vauban** beginnt hinter der **Ile de l'Ill** an der **Pont de l'Ancre** der **Rhein-Rhône-Kanal**. Er verbindet, wenn man so will, das Mittelmeer mit der Nordsee. Der Radweg an seinem Ufer führt teils durch die Vororte Straßburgs, teils durch eine idyllische Landschaft. Nach rund 14 Kilometern Fahrt auf einem **befestigten Dammweg** biegen wir bei **Kraft** über eine Brücke auf die D 988, die uns nach **Erstein** führt. Wir sind jetzt im klassischen **Sauerkrautland**, wo man mächtige Kohlköpfe erntet und das unvergleichliche Elsässer Choucroute eingelegt wird. Kostproben im Gasthof »A l'Agneau«. Dann Weiterfahrt auf der D 288 über **Nordhouse**, abbiegen über die Autobahn auf die D 207. Nach **Hindisheim**, einem hübschen **Tabakdorf** mit riesigen hölzernen Trockenspeichern (wo angeblich der Stoff für die schwarzen Gauloises trocknet), geht die schmale D 161 rechts ab. Sie führt schnurstracks nach **Blaesheim**. Auch dieses Dorf ist bekannt für sein Sauerkraut – und für den Straßburger Künstler *Tomi Ungerer*. Er hat einige seiner genialen, deftig-eroti-

Sein Beitrag für das bekannte Sauerkrautfest in Meistratzheim: Ein Koch trägt seine delikate „Schweinerei" zu den Gästen.

schen Zeichnungen seinem Freund Philippe Schadt überlassen. Darauf nicht nur Knackwürste und weibliche Körperteile, sondern auch Hexen und Teufel auf des Menschlichste vereint. Maître Schacht hat die Kunstwerke in seinem Restaurant ausgestellt, allerdings ganz diskret hinter Vorhängen: Bei seinen göttlichen Choucroute-Variationen soll auch den zartesten Gemütern nicht der Appetit vergehen. Zum Dessert macht der Meister gern den Vorhang auf. Derart beflügelt machen wir uns auf den Rückweg und erreichen über die D 84 und D 222 bzw. D 484 Straßburg, wo die Sitten nicht so locker sind. Oder?

Ausgangsort und Anfahrt
Straßburg, Anfahrt mit dem Zug.

Zielpunkt und Rückfahrt
Straßburg; Rückfahrt mit dem Zug.

Radverleih
siehe Tour 1.

Übernachtungen unterwegs
• *Straßburg:* siehe Tour 1;
• *Erstein:* »A l'Agneau«, preiswerter Gasthof mit Übernachtungsmöglichkeiten, Mi geschl., 50, rue du 28 Novembre, Tel. 88 98 02 12.

Einkehrmöglichkeiten
• *Blaesheim:* »Schadt chez Philippe«, das Choucroute-Restaurant schlechthin, dazu Kunst von Tomi Ungerer, So (abends) und Do geschl., 8, place de l'Eglise, Tel. 88 68 86 00;
• *Straßburg:* siehe Tour 1.

Öffnungszeiten
• *Straßburg:* siehe Tour 1.

Auskunft
• *Straßburg:* siehe Tour 1.

Karten
3615 IGN – Série Verte Nr. 12, 1:100 000; Michelin Atlas Routier France, S. 43/61.

17 Mont Ste.-Odile – der heilige Berg

Ausgangsort
Ottrott.

Zielpunkt
Ottrott.

Etappenlänge
22 km.

Zeitdauer
5–6 Std.

Gelände/Steigungen
Kurze, aber sehr schöne und leider auch sehr anspruchsvolle Strecke mit über 500 m Höhenunterschied.

Sehenswertes am Weg
Wälder und Kloster des heiligen Bergs; 10 km lange Heidenmauer.

Ottrott, unser Ausgangspunkt, ist ein malerisches und relativ ruhiges **Winzerdorf** an einem Berghang; es besteht aus zwei Ortsteilen: Ober- und Unterottrott. Gleich zwei benachbarte Burgen (die **Ottrotter Schlösser**) sicherten auf einer Anhöhe die Dörfer, die allmählich zusammen wuchsen. Wir sollten unsere Rundfahrt morgens beginnen. Es geht zunächst auf einer moderaten Strecke nach **Klingenthal**. Noch einmal tief Luft holen, denn jetzt »klettert« die D 426 den heiligen Berg hinauf. Nach etwa 9 Kilometern Tortur erreichen wir den **Parkplatz des Klosters** in 760 Metern Höhe. In der Hochsaison ist der Andrang schon sehr groß, denn der **Mont Ste.-Odile** ist nicht nur der bedeutendste Wallfahrtsort des Elsaß', sondern auch so etwas wie das historische und mythische Herz des Landes. Im 7. Jahrhundert regierte, so die Sage, auf der Hohenburg ***Herzog Eticho***. Als ihm statt seines Sohnes eine blinde

Tochter geboren wurde, wollte er das Kind umbringen lassen. Eine Amme floh mit dem Mädchen in ein burgundisches Kloster. Dort wurde es getauft. Bei der Zeremonie gewann das Kind das Augenlicht zurück. Es erhielt den Namen ***Odilia: Tochter des Lichts***. Als Jahre später Bruder Hugo seine Schwester heimholen wollte, wurde er von seinem jähzornigen Vater erschlagen. Aus Reue nahm Herzog Eticho seine mittlerweile erwachsene Tochter wieder zu sich. Er wollte sie allerdings mit einem seiner Ritter vermählen. Odilia sah ihr Leben jedoch der Kirche geweiht, widersetzte sich der geplanten Ehe und floh erneut. Wieder verfolgte sie der Vater mit blindem Zorn. Seine Häscher hatten das Mädchen bereits jenseits des Rheins gestellt, als sich ein zweites Wunder ereignete: Ein Felsen öffnete sich und »verschlang« die Flüchtende« zu ihren Schutz. Da wurde auch der wilde Eticho einsichtig. Er erkannte Odilias heilige Bestimmung an und schenkte ihr die Hohenburg. Sie machte daraus ein Kloster, das nach ihrem Tod (um 720) und der anschließenden Heiligsprechung ein einzigartiger Wallfahrtsort wurde und viele junge Adelsfrauen des Elsaß anzog. Historisch

Das Heiligtum der Elsässer im mystischen Morgennebel: Kloster Ste.-Odile auf einem Felsplateau der Nordvogesen.

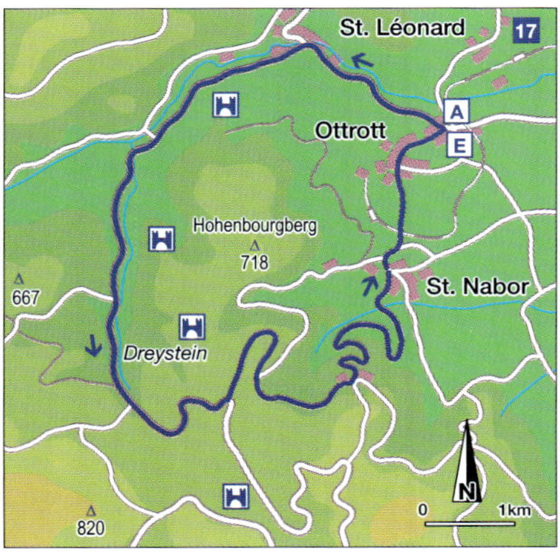

gesichert ist, daß die Klosterrechte 837 durch ***Kaiser Ludwig den Frommen*** anerkannt wurden. Die berühmteste Äbtissin war ***Herrade von Landsberg***, unter der sich das Kloster zu einem ***Zentrum staufischer Kultur*** entwickelte. Kaiser und Könige besuchten die Abtei, die immer wieder zerstört und wiederaufgebaut wurde. 1853 kaufte der Bischof von Straßburg das Kloster. Seither ist es wieder Wallfahrtsort. Die **Klosterkirche** wurde nach einem Brand 1687 neu aufgebaut. Der älteste Teil der Anlage ist die **Kreuzkapelle** (Chapelle de la Croix). Sie stammt aus dem 11. Jahrhundert und enthält einen Sarkophag, in dem Eticho, der jähzornige Vater der Heiligen, liegen soll. Laut Legende haben ihn die tränenreichen Gebete seiner Tochter (in der Tränenkapelle) aus dem Fegefeuer gerettet. Durch eine Tür in der Kreuzkapelle gelangen wir in die **Odilienkapelle** (12. Jh.), in der ein **Steinsarg** aus dem 8. Jahrhundert mit den **Reliquien der Heiligen** steht. Wer Zeit und Muße hat, sollte im Kloster-Hotel übernachten (einfache Mahlzeiten im **Pilgersaal**) und am nächsten Morgen den **Sonnenaufgang** erleben – ein geradezu mystisches Naturereignis: Die Sonnenstrahlen durchdringen sanft die Nebelschleier um das gewaltige Felsplateau und geben allmählich einen grandiosen **Ausblick in die Rheinebene** frei. Unterhalb des Parkplatzes führen Hinweisschilder (mur paien) zu einem weiteren Bauwerk des Mont Ste.-Odile, das noch geheimnisvoller als die Geschichte des Klosters ist: eine 10 Kilometer lange **Heidenmauer** umringt den Klosterberg. Sie ist stellenweise noch 3 Meter hoch und 1,80 Meter breit. Der gesamte **Rundgang** würde ungefähr 5 Stunden dauern. Man nimmt an, daß ***Kelten*** im 2. Jahrhundert v. Chr. die gewaltigen Steinquader aufeinander schichteten – zum Schutze ihrer Fliehburg oder ihres Heiligtums. Schon für die ***Römer***, die hier oben auch eine Heerstraße anlegten, war der Berg »Altitone« ein Ort gallischer Götter. Das hat sich im Volksaberglauben bis heute festgehalten: Auf dem Mont Ste.-Odile wirkt nicht nur die gnadenreiche Heilige, sondern haben auch jede Menge Hexen und Teufelchen ihren dämonischen Spaß. Abfahrt zurück nach **Ottrott**. Jetzt nehmen wir die abschüssige Strecke (D 33) über **St. Nabor**. Neben der Straße sprudelt eine gittergeschützte **Quelle**, deren Entstehung ebenfalls auf die ***heilige Odilie*** zurückgehen soll. Der Legende nach hatte sie gegen einen Felsen geschlagen, als sie ein armer Mann um die Heilung seines blinden Kindes gebeten hatte. Seither ist die Quelle ein Wallfahrtsort für Augenkranke. Ste.-Odile gründete an dieser Stelle 707 ein weiteres Kloster, dessen Ruinen neben der Straße im Wald liegen. Nach 20 Minuten haben wir **Ottrott** erreicht. Wir sollten eine Nacht in diesem Ort, wo übrigens der einzige, wirklich akzeptable Rotwein (Pinot Noir) des Elsaß' wächst, bleiben, um seine kulinarischen Schätze zu genießen – beispielsweise im Restaurant »A l'Ami Fritz«, wo Küchenchef Fritz eindrucksvoll die Küche seiner Heimat zelebriert, etwa: Blutwurststrudel, Choucroute mit Entenconfit, warmer Munsterkäse mit Apfelschnitzen. Danach ein Zimmer im Gästehaus des Restaurants als sanften Abschluß eines Tages Elsaß pur.

Ausgangsort und Anfahrt
Ottrott, Zug bis Obernai.

Zielpunkt und Rückfahrt
Ottrott, Zug ab Obernai.

Übernachtungen unterwegs
• *Kloster-Hotel Mont Ste.-Odile*, Tel. 88 95 80 53 (rechtzeitig reservieren und Wochenende vermeiden!);
• *Ottrott:* »Annexe Hotel à l'Ami Fritz«, sehr ruhiges Gästehaus in den Weinbergen, Tel. 88 95 87 39;
»Domaine Le Moulin«, sehr schönes Hotel in einem Waldtal mit Park, Fischweiher und Tennisplätzen, Route Klingenthal, Tel. 88 95 87 33.

Einkehrmöglichkeiten
• *Ottrott:* »A l'Ami Fritz«, Ottrott-le-Haut (ausgeschildert), Mi geschl., Tel. 88 95 80 81.

Auskunft
• *Obernai:* Office de Tourisme, Chapelle du Beffroi, Tel. 88 95 64 13.

Karten
3615 IGN – Série Verte Nr.12 und Nr.31; Michelin Atlas Routier France, S. 61, 1:200 000.

18

18 Eine Fahrt zu stillen Wässerchen: Rundtour von Barr

Ausgangsort
Barr.

Zielpunkt
Barr.

Etappenlänge
38 km.

Zeitdauer
6 Std.

Gelände/Steigungen
Hügelig, teilweise anstrengende Steigungen; Höhenunterschied 350 m.

Sehenswertes am Weg
Luftkurort Le Hohwald; Waldgebiete der mittleren Vogesen; Villé im Weilertal.

Das Weinstädtchen **Barr** (siehe Tour 3) ist Ausgangspunkt unserer Fahrt in die **mittleren Vogesen**. Es ist schon ein bißchen Kondition erforderlich, doch die Wanderwege, die wundervollen Ausblicke und eine kleine Überraschung entschädigen uns für alle Mühen. Wir nehmen die D 854; nach wenigen Kilometern zweigt links ein befestigter Weg zur **Ruine der Spesburg** (Château de Spesbourg) ab, einer mittelalterlichen Festung aus dem 13. Jahrhundert, die im 16. Jahrhundert abbrannte. Weiter geht's auf der D 854, bis die Straße nach rechts zum **Mont Ste.-Odile** abknickt. Wir fahren geradeaus auf einem Forstweg bis zum **Forsthaus Welschbruch** und dann links auf die D 426, die uns nach **Le Hohwald** bringt, einem langgezogenen Höhenkur- und Wintersportort, wo im 17. Jahrhundert viele Auswanderer aus Tirol, Vorarlberg und der Schweiz siedelten. Von hier aus führen zahlreiche *Wanderwege* bis zum **Champ

Herbststimmung in den Mittleren Vogesen. Die Natür rüstet sich für den Winter, der in den Bergen ungewöhnlich hart sein kann.

du Feu** in 1100 Metern Höhe. Die D 425, eine Serpentinenstraße, geht über den **Col du Kreuzweg** nach **Breitenbach**, einem Vogesendorf mit **alten Mühlrädern** und einer **Kirche** aus dem 18. Jahrhundert. Über **St. Martin** (**Klosterkirche Honcourt** aus dem 18. Jh.) erreichen wir **Villé**, den Hauptort des **Weilertals**. Hier wurde der bekannte Kirchenmaler *René Kuder* (1882–1962) geboren. Es gibt einiges zu sehen, etwa etliche Häuser aus dem 18. Jahrhundert, die **Barockkirche** von 1757 – und die eine oder andere Kirschwasserbrennerei, denn in Villé wird angeblich das beste Kirschwasser des Elsaß' gebrannt. Man kann es auch nach einem deftigen Mahl im Restaurant »La bonne

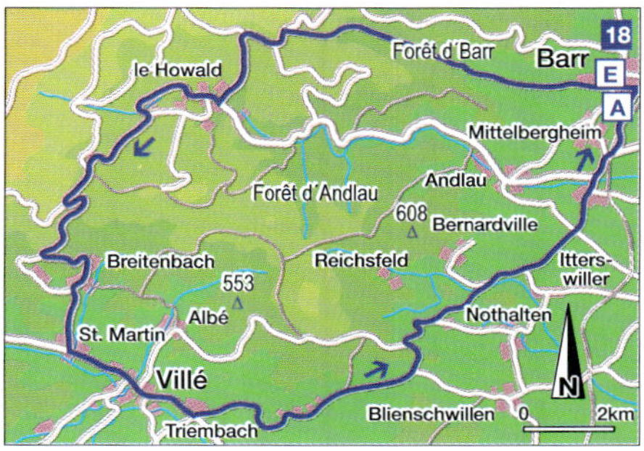

Franquette« kosten. Feinster Obstschnaps – das ist die Spezialität des Weilertals. Er wird aus Kirschen, Birnen, Mirabellen, Zwetschgen, Quitten, Waldhimbeeren, Schlehen, Heidelbeeren, Holunder und Hagebutten, manchmal sogar aus Ebereschenbeeren hergestellt. Brennereien können in St. Martin, Villé, Albé (übrigens ein ganz entzückendes Dorf), Maisonsgoutte, Hohwarth und St. Maurice besichtigt werden. Aber Vorsicht, wir sind mit dem Radl da …

Weiterfahrt bis **Triembach-au-Val** und dann auf die D 203 und D 253 über Hohwarth nach **Itterswiller**, von wo es auf der Weinstraße zurück nach Barr geht.

Ausgangsort und Anfahrt
Barr, Anreise mit dem Zug möglich.

Zielpunkt und Rückfahrt
Barr, Rückfahrt mit dem Zug möglich.

Radverleih
In Le Hohwald in der Bäckerei »Le Moulin«; in Villé im Fahrradgeschäft Hertzog.

Übernachtungen und Einkehrmöglichkeiten
• *Le Hohwald:* »Au Pavillon de Chasse«, Hotel mit empfehlenswertem Restaurant (Di abends und Mi geschl.) und schöner Aussicht, 16, rue Herrenhaus, Tel. 88 08 30 08;
• *Villé:* »La bonne Franquette«, deftige bis edle Küche, 10 Gästezimmer, Mi (abends) und Do geschl., 6, place du Marché, Tel. 88 57 14 25;
• *Barr:* siehe Tour 3.

Öffnungszeiten
• *Barr:* siehe Tour 3.

Auskunft
• *Barr:* siehe Tour 3;
• *Le Hohwald:* Office de Tourisme, Tel. 88 08 33 92;
• *Villé:* Office de Tourisme à la Mairie (Bürgermeisteramt), Tel. 88 57 11 57.

Karten
3615 IGN – Série Verte Nr. 31, 1:100 000; Michelin Atlas Routier France, S. 61, 1:200 000.

19 Von den Vogesen an den Rhein: Villé – Marckolsheim

Ausgangsort
Villé.

Zielpunkt
Marckolsheim.

Etappenlänge
31 km.

Zeitdauer
4–5 Std.

Gelände/Steigungen
Höhenunterschied 230 m.

Sehenswertes am Weg
Restaurant »Au Valet de Coeur«, Gressen-Tal, die Altstadt von Sélestat mit ihren Mauern, Kirchen und Türmen.

Start in **Villé**, dem Kirschwasser-Mekka. Wie üppig (oder sparsam) auch immer »Dr. Kirsch« uns seine Gnade erwies – wir fahren bergab. Immer die D 424 entlang in Richtung **Châtenois**. Nach 6 Kilometern die erste massive Versuchung, der man, falls es rein zufällig Mittagszeit sein sollte, getrost erliegen sollte: Direkt an der Straße erwartet uns das »Au Valet de Coeur«, ein Sterne-Restaurant mit veredelter Elsässer Küche wie z.B. Baeckeoffa von St. Jacques-Muscheln und Gänseleber. Auch die Kilometer nach diesem Stopp können spielend bewältigt werden: Es geht weiterhin bergab. Über Châtenois (siehe Tour 3) und die stark befahrene N 59 erreichen wir **Sélestat**, die alte Reichsstadt Schlettstadt, den Heimatort des Elsässer Reformators Martin Bucer (1491–1551) und des Humanisten Beatur Rhenanus (1485–1547). Die berühmte **Humanistische Bibliothek** (Rue de la Bibliothèque) bewahrt über 3000 Schriften aus dem ausklingenden

Mittelalter auf, als Schlettstadt als eines der geistigen Zentren des südlichen Mitteleuropas galt. Und noch ein Superlativ: Sélestat ist die »Geburtsstadt« des Weihnachtsbaumes. In der Humanistischen Bibliothek wird auch ein Schriftstück aus dem Jahr 1521 ausgestellt, das die erstmalige Verwendung eines Tannenbaums als Weihnachtsschmuck beschreibt.

Das intakte Stadtbild von Sélestat wird von hübschen **Fachwerkhäusern** sowie von den beiden **Kirchen St. Georges** (13.–15. Jh.) und **Ste. Foy** (12. Jh.) bestimmt. Letztere ist eine schöne romanische Basilika aus Sandstein und Vogesengranit; die Krypta ist der der Grabeskirche in Jerusalem nachgebildet. Die Wehrmauer des alten Schlettstadt hatte einst 38 Stadttürme, von denen der **Tour de l'Horloge** (Rue des Chevaliers/Rue du Président Poincaré) von 1280 sowie der **Hexenturm** (1216) in der Rue de la Grande Boucherie übriggeblieben sind. Der Tour des Sorcières diente bis ins 17. Jahrhundert als Verließ für bedauernswerte Frauen, die man wegen Hexerei verurteilt hatte, und die

Ein Vergnügen für Radfahrer ohne sportliche Ambitionen: Seitenstraße in der Rheinebene. Im Hintergrund erheben sich die Vogesen.

auf ihre Hinrichtung warteten. Das schönste Renaissancegebäude der Stadt ist der **Cours des Prélats** (Rue de l'Eglise/Rue du Sel), die Stadtresidenz der Benediktinermönche aus dem nahen Kloster Ebersmünster. Wer jetzt einer Pause bedarf, sollte in die »Auberge des Alliés« (mit gemütlichen Gästezimmern) in einem mittelalterlichen Bürgerhaus gehen. Und wer es dann noch schafft, sich von der üppigen Elsässer Tafel zu erheben, fährt auf der D 424 über **Heidolsheim** schnurstracks nach **Marckolsheim**, unserem Tourenziel.

Ausgangsort und Anfahrt
Villé, nächste Bahnstation in Châtenois.

Zielpunkt und Rückfahrt
Marckolsheim, nächste Bahnstation in Sélestat.

Radverleih
in Villé (siehe Tour 18); in Sélestat am Bahnhof (SNCF).

Übernachtungen unterwegs
• *Sélestat:* »Abbaye de la Pommeraie«, 8, av. Foch, Tel. 88 92 07 84; »Hotel d'Ill«,m 13, rue des Bateliers, Tel. 88 92 91 09;
• *Marckolsheim:* »Saint Martin«, Hotel mit Restaurant (So abends und Mo geschl.), 16,route de Colmar, Tel. 88 92 51 55.

Einkehrmöglichkeiten
• *Villé:* »Au Valet de Coeur«, So (abends) und Mo geschl., 6 km außerhalb an der Straße nach Châtenois, Tel. 88 85 67 84;
• *Sélestat:* »Auberge des Alliés«, vorzügliches Speisen in einem Tonnengewölbe aus dem 14. Jahrhundert (19 Gästezimmer), So (abends) und Mo geschl., 39, rue des Chevaliers, Tel. 88 92 09 34;
»A la vieille Tour«, stilvolle Weinstube, Mo geschl., 8, rue de la Jauge, Tel. 88 92 15 02.

Öffnungszeiten
• *Sélestat:* Humanistische Bibliothek (Bibliothèque Humaniste), Mo-Fr 9-12 und 14-18 Uhr, Sa 9-12 Uhr, So geschl. (außer Juli und Aug.).

Auskunft
• *Sélestat:* Office de Tourisme, 10, boulevard du Général-Leclerc, Tel. 88 92 02 66.

Karten
33615 IGN – Série Verte, Nr. 31, 1:100 000; Michelin Atlas Routier France, S. 61, 1:200 000.

20

20 Auf römischen Spuren: Rundtour um Marckolsheim

Ausgangsort
Marckolsheim.

Zielpunkt
Marckolsheim.

Etappenlänge
40 km

Zeitdauer
5–6 Std.

Gelände/Steigungen
leichte Tour durch Flachland und Rheinauen, kaum Höhenunterschiede.

Sehenswertes am Weg
Museum der Maginotlinie; Römerstraßen, antikes Militärlager, Römermuseum in Biesheim.

Wem der Sinn nach jüngerer Geschichte und Militärischem steht, radelt vor dem Start in **Marckolsheim** auf der D 424 in **Richtung Rhein**. Nach wenigen Minuten kommt auf der rechten Seite die Gedenkstätte (und Museum) der **Rheinischen Maginotlinie** (Mémorial-Musée de la Ligne Maginot du Rhin). Die Maginotlinie war ein gigantischer Verteidigungswall im Osten Frankreichs. Er wurde von 1927–1940 als Abwehrbollwerk gegen Deutschland errichtet und nach dem Verteidigungsminister ***André Maginot*** benannt. Die Anlage umfaßte 108 Forts, 410 unterirdische Bunkeranlagen sowie mehrere hundert Geschütztürme. Dennoch hat sie so gut wie nichts genutzt, weil 1940 die deutschen Truppen bei ihrem Angriff auf Frankreich über Holland und Belgien in den Nordosten des Landes eindrangen. Das **Museum von Marckolsheim** zeigt neben mehreren Panzern und Geschützen auch unterirdische Kasematten, in denen die Soldaten einen beklemmenden Dienst schieben mußten. Drei Tage lang kämpfte im Juni 1940 die 30köpfige Besatzung gegen deutsche Angreifer. Dabei wurde der Ort größtenteils zerstört. Man nennt ihn deshalb auch Märtyrer-Stadt (Cité Martyre). Zwischen Marckolsheim, Mühlhausen und Basel sind am linken Rheinufer teilweise noch Reste eines Naturschutzgebietes übriggeblieben, die man gern die Elsässische Camargue nennt; 120 Hektar mit seltenen Tieren und Pflanzen (siehe auch Route 30.)

Von Marckolsheim fahren wir auf der D 468 Richtung Süden. Nach 5 Kilometern biegen wir links nach **Artzenheim**, einem romantischen **Fachwerkdorf** mit **alten Mühlen** und einer **langen Insel** zwischen Rhein und Rheinkanal. Bereits vor 2000 Jahren lebten hier ***römischen Legionäre***, was eine alte **römische Heeresstraße** beweist. Ein weiterer Grund, Artzenheim anzusteuern, ist die »Auberge d'Artzenheim«, ein gepflegter Landgasthof im Ried, der nicht nur originelle Zimmer anbietet, sondern auch eine

Ein gepflegtes Elsässer Fachwerkhaus in Marckolsheim. Jetzt beherbergt es die »Auberge au Limbourg«.

witzige Küche und gepflegte Weine. Ein vortrefflicher Platz zum Übernachten. Weiterfahrt auf der D 468. Zwischen **Kunheim** und **Biesheim** wurde ein bedeutendes **Militärlager der Römer** ausgegraben. Die Funde werden im **Museum (Le Capitole)** von Biesheim ausgestellt. Auf der D 12 geht's zunächst nach **Widensolen**, von dort auf der D 9 über **Urschenheim** nach **Durrentzen**. Auch hier wurden **Reste einer Römerstraße** entdeckt, im benachbarten **Muntzenheim** (über die D 4) ein **Hügelgrab**. Über die D 9 erreichen wir **Jebsheim** mit einer sehenswertes **romanischen Kirche** (Wandmalereien aus dem 16. Jh.). Nächste Station bei der Weiterfahrt auf der D 9 über **Grussenheim** (**Barockkirche** mit sehr schönem Altar von 1724 und Pfarrhaus in einem **Barockschloß**) ist das **Fachwerkdorf Elsenheim**. Auch hier wurden Reste einer Römerstraße sowie ein Hügelgrab gefunden. Über die D 10 geht's zurück nach Marckolsheim.

Ausgangsort und Anfahrt
Marckolsheim, nächste Bahnstation in Sélestat.

Zielpunkt und Rückfahrt
Marckolsheim.

Radverleih
Syndicat d'Initiative in Marckolsheim.

Übernachtungen und Einkehrmöglichkeiten
• *Marckolsheim:* siehe Tour 19;
• *Artzenheim:* »Auberge d'Artzenheim«, komfortabler Landgasthof, Restaurant Mo (abends) und Di geschl., 30, rue du Sponeck, Tel. 89 71 60 51;
• *Biesheim:* »Aux deux Clefs«, Hotel mit schönem Garten und Restaurant, 50, Grand-Rue, Tel. 89 72 51 20.

Öffnungszeiten
• *Marckolsheim:* Gedenkstätte und Museum der Rheinischen Maginotlinie, 15.Juni–15.Sept. tägl. 9–12 und 14–18 Uhr; 16.Sept.–14.Juni Sonn- und Feiertage 9–12 und 14–18 Uhr; 16.Nov.–14.März geschl.;
• *Biesheim:* Le Capitole – römisches Museum, April–Okt. tägl. 10–12 und 14–17 Uhr, Di geschl.

Auskunft
• *Marckolsheim:* Syndicat d'Initiative, Tel. 88 92 56 98.

Karten
3615 IGN – Série Verte Nr. 31, 1:100 000; Michelin Atlas Routier France, S. 61, 1:200 000.

21 Ausflug zum Bergbauernhof: Rundtour von Sélestat

Ausgangsort
Sélestat.

Zielpunkt
Sélestat.

Etappenlänge
34 km

Zeitdauer
5–6 Std.

Gelände/Steigungen
Teilweise ziemlich schwieriges Gelände mit recht steilen Steigungen bis zum Col de Fouchy, dann schwierige Talfahrt; Höhenunterschied 410 m.

Sehenswertes am Weg
Berglandschaft der mittleren Vogesen.

Liebliches Tal in der Vorvogesen bei Thanville über Châtenois – ideal für eine kleine Wanderung oder Rast im Freien.

Wir fahren von Sélestat die verkehrsreiche N 59 nach **Châtenois.** Das ist der kürzeste Weg. Nach 5 Kilometern biegen wir rechts auf die D 35 (*Route du Vin*), die wir noch vor **Scherviller** verlassen und nach links auf einen befestigten Weg nach **Thanville** (über die **Ruine der Burg Ramstein**, siehe Route 3), biegen. Nach sehr schönen 5 Kilometern mit leichten Steigungen haben wir Thanville erreicht, einen ruhigen, fast verträumten Ort in

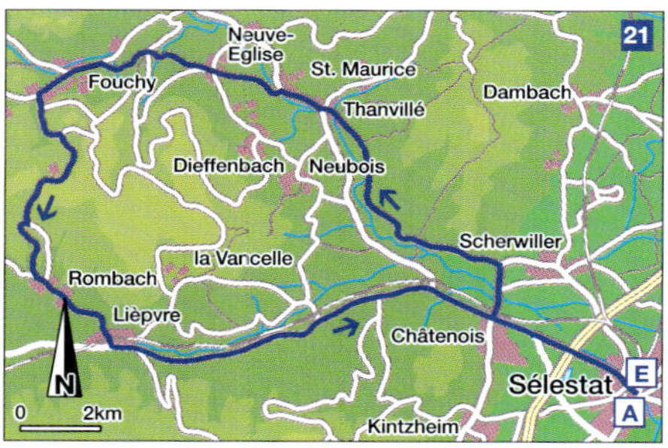

den Vorvogesen. Es geht weiter auf der D 424, wo wir bei **St. Maurice** nach links auf die D 97 abzweigen. In **Fouchy** beginnt die Quälerei; wir nehmen die D 155 zum **Col de Fouchy**. Sie geht ständig bergauf, doch die Mühe wird nach wenigen Kilometern belohnt: Wir haben den **Bauerngasthof Irrkrut** erreicht, der von einer jungen Familie bewirtschaftet wird. Schafe, Hühner und Enten laufen frei herum, hinter windschiefen Zäunen wachsen ungesprizte Gemüse und Kräuter. Besser und zünftiger kann man im Elsaß kaum rasten, ob bei einer Vesper mit Holzofenbrot und Rauchschinken oder einem Menü mit deftiger Wildschweinpastete und einem delikaten Lammragout. Auf jeden Fall den Münsterkäse probieren – er wird hier oben gemacht. Besonders lecker: Münster als »Frischkas«, mit Zucker bestreut und Kirschwasser übergossen, ein herrliches Dessert. Dazu eine kleine Flasche Gewürztraminer, und man wäre reif für eines der beiden Zimmer (rechtzeitig bestellen!). Andererseits geht es bei der Weiterfahrt knapp 2 Kilometer bergauf – die kann man notfalls schieben. Und dann radeln wir nur noch bergab durch die **malerische Vogesenlandschaft**. Vorsicht, es geht ziemlich steil runter. Über die D 48 und **Rombach-le-Franc** kommen wir in **Lièpvre** an, von wo wir auf der N 59 zurück nach Sélestat fahren.

Ausgangsort und Anfahrt
Sélestat, Bahnhof.

Zielpunkt und Rückfahrt
Sélestat.

Radverleih
siehe Tour 19.

Übernachtungen unterwegs
• *Sélestat:* siehe Tour 19;
• *Col de Fouchy:* Ferme Auberge Irrkrut (Bauernhof) mit 2 Fremdenzimmern (unbedingt reservieren); Tel. 88 57 09 29.

Einkehrmöglichkeiten
• *Sélestat:* siehe Tour 19;
• *Col de Fouchy:* »Ferme Auberge Irrkrut« (Bauernhof), Mo geschl., Tel. 88 57 09 29.

Öffnungszeiten
• *Sélestat:* siehe Tour 19.

Auskunft
• *Sélestat:* siehe Tour 19.

Karten
3615 IGN – Série Verte Nr. 31, 1:100 000; Michelin Atlas Routier France, S. 61, 1:200 000.

22 Ins »preußische Disneyland«: zur Hohkönigsburg

Ausgangsort
Sélestat.

Zielpunkt
Sélestat.

Etappenlänge
25 km.

Zeitdauer
4 Std.

Gelände/Steigungen
Teilweise steiler Weg und stark abschüssige Talfahrt, Höhenunterschied 550 m.

Sehenswertes am Weg
Die Museumsfestung Hohkönigsburg und das Städtchen St. Hippolyte.

Wir verlassen Sélestat in Richtung Südwesten auf der D 159 und fahren nach **Kintzheim** (siehe Tour 3). Von dort geht's auf der gleichen Straße 7 Kilometer lang stets aufwärts bis wir die **Hohkönigsburg** erreicht haben. Haut-Koenigsbourg ist die bekannteste mittelalterliche Festung des Elsaß' – und die umstrittenste. Preußisches Disneyland und neo-mittelalterlicher Kitsch, sagen die Kritiker. Die Burg wurde im 12. Jahrhundert von den ***Staufern*** errichtet und später als Raubritternest mehrfach zerstört. 1865 kaufte die Stadt

Wilhelminische Trutzburg aus dem vergangenen Jahrhundert: die Hohkönigsbourg, ein riesiges Museum.

Sélestat die Ruine und schenkte sie 1889 dem *deutschen Kaiser Wilhelm II.*, der 1871 das Elsaß annektiert hatte. Er ließ sie von 1901 bis 1908 von seinem Berliner Architekten Bodo Ebhardt so aufbauen, wie man sich im Preußen der Jahrhundertwende das Mittelalter vorstellte. Dennoch ist die Anlage sehenswert. Sie steht in 757 Metern Höhe auf einem 270 Meter langen Bergrücken (**herrlicher Rundblick!**) und ist durch eine **Zugbrücke**, Gräben, Wachtürme und **dreifache Ringmauer** gesichert. Wohngebäude (mit Möbeln aus dem 15.–17.Jh.), Keller, Küche und der 62 Meter tiefe Brunnen können besichtigt werden. Ebenso der **Festsaal**, wo *Kaiser Wilhelm II.* 1918 die berühmte Worte »Das habe ich nicht gewollt« auf dem Kamingitter anbringen ließ. Kleine Rast in der Burg-Kneipe (nur tagsüber geöffnet). Bei der Weiterfahrt geht's auf der D 1B steil bergab bis zur idyllischen Rotweingemeinde **St. Hippolyte**, ein mittelalterliches Städtchen mit **Wehrmauern**, **romantischen Häuserzeilen** und einigen sehr guten Restaurants. Empfehlung: »Au Rouge de St.-Hippolyte«. Von dort fahren wir auf der D 1B über **Kintzheim** zurück (D 159) nach Sélestat.

Ausgangsort und Anfahrt
Sélestat, Bahnhof.

Zielpunkt und Rückfahrt
Sélestat.

Radverleih
Sélestat, siehe Tour 19.

Übernachtungen unterwegs
• *Sélestat:* siehe Tour 19;
• *St. Hippolyte:* »L'Aval du Château«, Hotel mit Restaurant, 8, Allée des Cygnes, Tel. 89 73 03 95.

Einkehrmöglichkeiten
• *Sélestat:* siehe Tour 19;
• *St. Hippolyte:* »Au Rouge de St-Hippolyte«, Di und Mi geschlossen, 36,route du Vin, Tel. 89 73 05 93.

Öffnungszeiten
• *Hohkönigsburg:* 1. April–31. Mai 9–12 und 13–18 Uhr, 1. Juni–30. Sept. 9–18 Uhr, März und 1.–31.Okt. 9–12 und 13–17 Uhr, 2. Nov.–28. Feb. 9–12 und 13–16 Uhr, 5. Jan.–5. Febr. geschl.

Auskunft
• *Sélestat:* siehe Tour 19.

Karten
3615 IGN – Série Verte Nr. 31, 1:100 000; Michelin Atlas Routier France, S. 61, 1:200 000.

23 In die Heimat des Munsterkäses: Rundtour von Colmar

Ausgangsort
Colmar.

Zielpunkt
Colmar.

Etappenlänge
47 km.

Zeitdauer
7–8 Std.

Gelände/Steigungen
Hügelig im Weinland, dann eher flach im Munster- und Metzertal; Höhenunterschied 80 m.

Sehenswertes am Weg
Kurort Soultzbach-les-Bain; Käsestadt Munster; Berg- und Bauernhöfe des Munstertals; Schlittenmuseum in Muhltal; Albert-Schweitzer-Museum in Gunsbach; Altstadt von Turckheim.

Wir starten in Colmar (siehe Tour 2) am **Champ de Mars** und nehmen die *Route de Turckheim*. Im Vorort **Logelbach** biegen wir nach rechts auf die D 7 und erreichen **Wintzenheim**, ein altes Weindorf mit vielen **Winzerhöfen** aus dem 16.–18. Jahrhundert. Auch **Reste der Stadtmauer** sind noch vorhanden. Weiterfahrt auf der D 417 am linken Ufer des Flüßchens Fechts ins **Munstertal**. Der nächste größere Ort ist **Soultzbach-les-Bains**, ein ruhiger mittelalterlicher **Badeort mit Thermalquellen** und zahlreichen blumengeschmückten **Fachwerkhäusern**. Kurzer Stopp an der **Pfarrkirche**, in der gleich **drei vergoldete Altäre** (1720–40) aus der Werkstatt des berühmten Holzbildhauers *Johann Baptiste Werlé* stehen. Von Soultzbach sind es noch 6 Kilometer bis nach **Munster**. Die Stadt verdankt ihren Namen der mächtigen **Benediktinerabtei St. Gregorius**, die irische Mönche bereits um 660 gegründeten haben. Dabei wurde der lateinische Name Monasterium für Kloster abgeleitet. Die Abtei wurde 1791 erst während der ***Säkularisierung*** nach der Französischen Revolution geschlossen. Während vom Kloster nur mehr ein einziger Flügel (südlich des Marktplatzes) von den Zerstörungen während des Ersten Weltkriegs verschont geblieben ist, hat eine »Erfindung« der Abtei den Ort weltberühmt gemacht: Hier wurde erstmals der Munsterkäse hergestellt, was eine Urkunde von 1417 belegt. Vermutlich haben die Mönche bereits im 7.Jahrhundert die Weide- und Milchwirtschaft auf den Höhenzügen der Vogesen eingeführt. Der deftige und gleichermaßen würzige Käse wird heute noch überall auf den Bauern- und Berghöfen des Munstertals produziert. Diese **Ferme Auberges** sind beliebte Ausflugsziele, in denen der Gast sehr gut, unverfälscht und meist sehr preiswert speisen kann, weshalb unsere Tour durch das Munstertal auch eine kleine kulinarische Reise ist.

Die Reste der alten Benediktiner-Abtei St. Gregorius. Im Hintergrund das Stadtbild von Munster.

23 In der Heimat des Munsterkäses

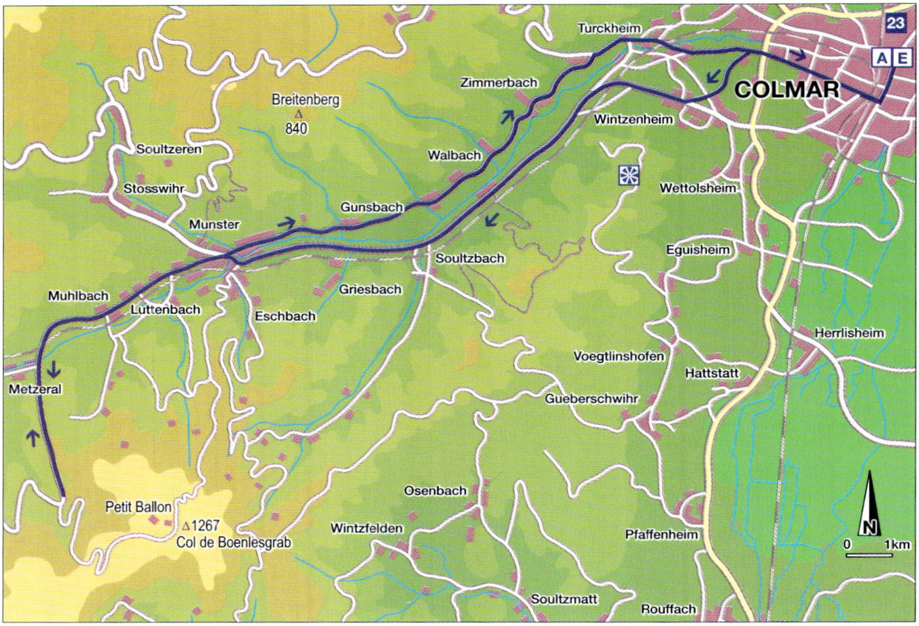

Erste Station ist **Luttenbach-près-Munster** (D 10), wo 1754 *Voltaire* einige Monate lebte. Von hier führt eine kleine (allerdings steile) Straße hinauf zum **Petit Ballon**. Auf 1120 Metern Höhe steht die **Ferme Auberge Kahlenwasen**, auf der noch Munsterkäse im traditionellen Verfahren hergestellt wird. Er allein ist den Weg wert. Außerdem werden, je nach Saison, serviert: Wildgerichte, Kalbfleisch, natürlich Choucroute. Wer über Nacht bleiben möchte – der Berghof hat 11 Zimmer. Von Luttenbach geht die D 10 weiter ins **Metzertal**, zunächst nach **Muhlbach**, einer kleinen Gemeinde mit einem originellen **Schlittenmuseum** (Musée de la Schlitte). Dann geht's weiter nach **Metzertal**. Im Hotel-Restaurant »Du Pont« kocht Jean-Martin Kempf auf. Auf der Karte stehen u. a. frische Forelle in Sauerampfersauce, Gänseleberpastete und Kalbskopf, von dem der Patron sagt, daß »d'r Tête de Veau bei mir no Biss hät«. Die Weine und Obstschnäpse des Hauses sind Spitzenklasse, die Zimmer preiswert. Falls bei Monsieur Kempf alles besetzt ist, fahren wir weiter auf der D 10 nach **Sondernach** zur **»Ferme Auberge Hunleskritt«**. Hier gibt's freilich keine Übernachtungsmöglichkeiten; so fahren wir zurück auf der gleichen Straße nach Munster und dort auf die andere Talseite der Fecht (D 10) nach **Gunsbach**. Bis 1925 amtierte hier der *Vater Albert Schweitzers* als Dorfpfarrer. Der Arzt selbst kam auch während seines jahrzehntelangen Afrika-Aufenthalts immer wieder nach Gunsbach zurück. Die **Kirchenorgel** wurde nach seinen Plänen gebaut. Besuch im **Schweitzer-Museum**, dann Weiterfahrt nach **Turckheim** (D 10), einer der bezauberndsten Ortschaften des südlichen Elsaß. Eine **Wehrmauer mit drei Stadttoren** aus dem 14. Jahrhundert (Porte de

France, Porte du Brand, Porte du Munster) umgibt das Städtchen. Von Ostern bis Herbst dreht noch ein **Nachtwächter mit Laterne und Hellebarde** jeden Abend um 22 Uhr seine Runde durch die romantischen Gassen, die von **Fachwerkhäusern** gesäumt werden. In der **Porte du Munster** wurden im 16. und 17. Jahrhundert Todesurteile gegen Frauen vollstreckt, die wegen Hexerei verurteilt worden waren. Die **Place Turenne** ist der Mittelpunkt des Ortes. Er wurde nach dem französischen Feldherrn ***Henri de la Tour d'Auvergne, Vicomte von Turenne***, benannt, der 1675 ein österreichisches Heer vor den Toren Turckheims schlug. Eines der schönsten Gebäude an diesem Platz ist die frühere **Hauptwache** (Ancien Corps de Garde) aus dem 16. Jahrhundert, die eine Zeitlang als Rathaus diente. Einkehr im originellen Winzerkeller »Caveau du Vigneron«, wo

Käsespezialitäten in Munster. Hier haben Mönche den berühmten gleichnamigen Käse »erfunden«.

ebenso handfeste wie köstliche Winzerkost serviert wird. Und der berühmte Wein vom »Brand«, der besten Lage von Turckheim, die auf einem Weinlehrpfad (Sentier viticole), der am Ortsausgang hinter der Porte du Brand beginnt, begangen werden kann. Die Rückfahrt nach Colmar über den Ortsteil **Logelbach** (ausgeschildert) dauert nur eine halbe Stunde.

Ausgangsort und Anfahrt
Colmar, Bahnhof.

Zielpunkt und Rückfahrt
Colmar (Zugverbindungen auch nach Munster).

Radverleih
Colmar (siehe Tour 2).

Übernachtungen unterwegs
• *Colmar:* siehe Tour 2;
• *Munster:* »Cigogne«, zentrales Drei-Sterne-Hotel mit Restaurant, 4,place du Marché, Tel. 89 77 32 27;
• *Camping* Municipal du Parc a la Fecht (am Fechtpark an der D 10), Tel. 89 77 31 08;
• *Turckheim:* »Aux Portes de la Vallée«, gemütliche Unterkunft mit Restaurant (So abends geschl.), 29, rue Romaine, Tel. 89 27 40 71;
• *Camping* Municipal an der D 11, Tel. 89 27 02 00.

Einkehrmöglichkeiten
• *Colmar:* siehe Tour 2;
• *Munster:* siehe Übernachtungen;
• *Luttenbach:* »Ferme Auberge du Kahlenwasen«, 11 Gästezimmer, Luttenbach im Metzertal, Tel. 89 77 32 49;
• *Metzertal:* »Du Pont«, Hotel-Restaurant, 1, rue Principale, Tel. 89 77 60 84;
• *Sondernach:* Ferme Auberge Hunleskritt, Mi geschl., Tel. 89 77 60 22;
• *Turckheim:* »Caveau du Vigneron«, gemütliche Weinstube im Winzerkeller, Mo geschl., 5,Grand-Rue. Tel. 89 27 06 85.

Öffnungszeiten
• *Muhlbach:* Schlittenmuseum Juli–Aug tägl. 10–12 und 15–18 Uhr; Gunsbach: Albert-Schweitzer-Museum, tägl. 9–11 und 14–16.30 Uhr, Mo geschl.

Auskunft
• *Colmar:* siehe Tour 2;
• *Munster:* Office de Tourisme, place du Marché, Tel. 89 77 31 29; • *Turckheim:* Office de Tourisme, place Turenne, Tel. 89 27 38 44.

Karten
3615 IGN – Série Verte Nr. 31, 1:100 000; Michelin Atlas Routier France, S. 60/61, 1:200 000.

24 Auf der Südlichen Weinstraße: Colmar – Thann

Ausgangsort
Colmar.

Zielpunkt
Thann.

Etappenlänge
58 km.

Zeitdauer
ca. 10 Std.

Gelände/Steigungen
Hügelig, mit teilweise schwierigen Bergfahrten; Höhenunterschied 470 m.

Sehenswertes am Weg
Eguisheim und ein sagenhafter Papst; Husseren und seine Burgen; die Grand Crus von Pfaffenheim; die wilden Frauen von Rouffach und eine versteckte Auberge; ein heiliger Finger und die schönste Kirche des Elsaß in Thann.

Unsere **bacchantische Route** über die Südliche Weinstraße beginnt in der Innenstadt von Colmar. Auf der **Rue Stanislas** radeln wir bis zum Kreisverkehr und schwenken dann auf die D 417 ein, dann auf die D 1 BII, die uns nach **Wettolsheim**, einem hübschen Winzerdorf, bringt. Der nächste Ort ist das **Kleinod Eguisheim**, eines der Weinbauzentren des Elsaß'. Hier sollen bereits im 4. Jahrhundert die ersten Reben kultiviert worden sein. Das Dorf wird noch immer von einer **Wehrmauer** umgeben. In der Ortsmitte stehen die Reste einer achteckigen **Ringmauer der gräflichen Stammburg** *derer von Eguisheim-Dagsburg*, die bis zum 13. Jahrhundert eines der mächtigsten *Elsässer Adelsgeschlechter* waren. Die Figur ihres bekanntesten Vertreters ziert noch heute den **Brunnen** vor der Ruine: *Papst Leo IX.* (1048–1054). Die Sage berichtet von einer Hellseherin, die seinem Vater Graf Hugo weissagte, daß er eines Tages seinem Sohn den Staub von den Füßen küsse werde. Graf Hugo glaubte, sein Sprößling würde ihm die Macht streitig machen und befahl einem Knecht, den kleinen Bruno zu töten. Der Knappe hatte jedoch Mitleid; er ließ den Jungen laufen und brachte seinem Vater als Beweis das Herz eines Fuchses mit. Hugo von Eguisheim hatte danach keinen ruhigen Tag mehr. Gepeinigt von Reue pilgerte er Jahrzehnte später nach Rom, um vom Papst Vergebung für seinen vermeintlichen Mord zu erflehen. Er war sich vor dem Heiligen Vater auf den Boden –

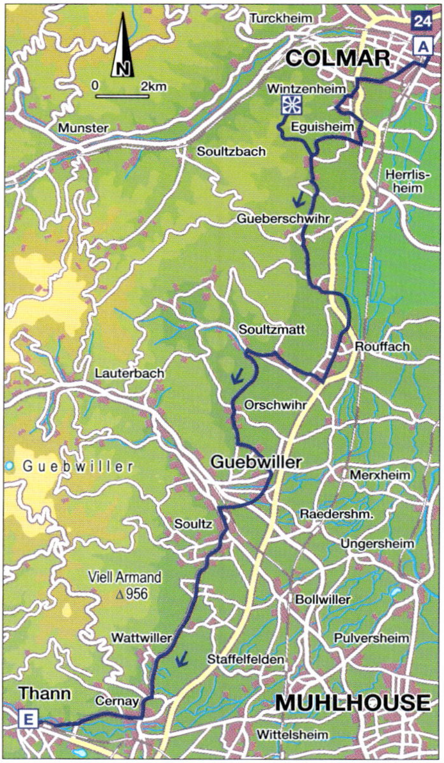

Markttag: Die Bauern des südlichen Elsaß´ bieten ihre Produkte im Städtchen Rouffach an.

und küßte ihm die Füße. So erfüllte sich die Weissagung der Hellseherin, denn auf dem Vatikansthron saß kein anderer als sein Sohn Bruno. Er war mittlerweile Papst geworden und nannte sich Leo IX. Auf der D 4 geht's leicht bergauf nach **Husseren-les-Châteaux**. Das hübsche **Fachwerkdorf** bietet einen ausgezeichneten **Blick über die Weinlandschaft**. Die kleine ausgeschilderte ***5-Burgen-Straße*** (Route de 5 Châteaux) führt an den **Drei Egsen** (Donjons d'Eguisheim) vorbei, **drei Burgtürmen** aus dem 11. Jahrhundert, die wie Säule nebeneinander stehen und von den Eguisheimer Grafen errichtet wurden. Oben auf dem Bergrücken (noch 6 km bergauf) erhebt sich die Ruine der **Hohlandsbourg**, eine gewaltige Anlage, die zur Zeit restauriert wird. Die Festung wurde um 1280 von den ***Habsburgern*** gebaut, 1563 vom elsässischen Kaiserberater ***Lazarus von Schwendi*** (siehe Tour 2, Colmar-Rundgang) erworben und im Dreißigjährigen Krieg zerstört. Rückfahrt auf die ***Weinstraße*** (D 14) und dann über **Hattstatt** (romanische Kirche mit Taufkapelle aus dem 11. Jh.) nach **Gueberschwihr**. Das **romantische Weindorf** besitzt einen gut erhaltenen **historischen Ortskern** mit einem mächtigen **romanischen Kirchturm** (1180), der vom einem **Storchennest** gekrönt wird.

Auf der D 1 IX gelangen wir nach **Pfaffenheim**, einem der bekanntesten **Weinorte**, der vor allem wegen seines Grand Cru Steineret gerühmt wird. Wir kosten ihn im renommierten Weingut G. Humbrecht. Danach wäre eigentlich eine Übernachtung angesagt oder ein Bußgang hoch zur **Notre Dame de Schauenberg**, einer Wallfahrtskapelle (15. Jh.) über dem Dorf. Zu ihrem Heiligtum, einer angeblich wunderwirkende **Marienfigur**, pilgern noch heute Tausende von Gläubigen. Derart geläutert radeln wir auf der ***Weinstraße*** weiter nach **Rouffach**. Beste Empfehlung: Vor dem Rundgang durch das **historische Weinstädtchen** erst einmal nach einem Tisch im »Les Tommeries« des Hotel-Restaurants »Château d'Isenbourg« fragen. Dort kochen sie wirklich wie die »Teufel«, falls der Vergleich gestattet ist. Kleiner Auszug: Gänseleber mit Sellerie und Äpfeln, Zander mit Pfeffer, Hasenrücken an Chambertin (nur in der Saison). Selbstredend birgt der Weinkeller die besten Gewächse der Region.

Rouffach verdankte seinen mittelalterlichen Wohlstand einzig und allein dem Wein; das stellen noch heute die zahlreichen **Patrizier- und Bürgerhäuser** dar. Besonders eindrucksvoll ist die **Liebfrauenkirche** (Notre Dame de l'Assomption) aus dem 11. und 12. Jahrhundert.
Im Innern wird eine **Madonnenfigur** aufbewahrt, die an eine Begebenheit aus dem Mittelalter erinnert, die wirklich wahr sein soll: Der ***Salier-Kaiser Heinrich V.*** hatte auch zu Rouffach eine Burg. Dorthin ließ er 1106 vor lauter Wollust eine schöne Jungfrau aus dem Ort entführen. Doch hatte er nicht mit den ***heißblütigen Frauen Rouffachs*** gerechnet. Noch bevor sich ihre Männer vom Weinhumpen erheben konnten, stürmten die

Thann, das Tor zur Südlichen Weinstraße. Die Innenstadt rund um das Münster zählt zu den wichtigsten Sehenswürdigkeiten.

bewaffneten Damen an einem Ostersonntag die Burg. Der entsetzte Kaiser floh, und wenn auch der Schluß dieser Geschichte zutrifft, ließ er in seiner Angst Kaisermantel, Krone und Zepter zurück. Die Frauen brachten ihre Beute auf dem Marienaltar der Liebfrauenkirche als Opfer dar.

Jenseits des **Kirchplatzes** erhebt sich ein weiteres reizvolles Ensemble aus dem Mittelalter: **Kornspeicher** (Ancienne Halle au Blé), **Rathaus** (Hôtel de Ville) und **Hexenturm** (Tour des Sorcières), auf dem jetzt friedlich Störche nisten. Aus Rouffach stammte übrigens ***Monsieur Sans-Gêne***, der Gemahl der berühmten ***Madame Sans-Gêne***, einer Wäscherin ***Napoleons***. Er wurde später vom französischen Kaiser zum Marschall und Herzog von Danzig ernannt, verleugnete aber nie, ganz wie seine bodenständige Frau, seine niedere Herkunft. Im Gedenken an das lebensfrohe Ehepaar Sans-Gêne (ohne Scham) schleichen wir uns zwecks Diner und Übernachtung ins Château d'Isenbourg zurück – oder wir radeln willensstark weiter, wenn auch nicht ohne jeglichen Hauch von Eigennutz; es gibt noch andere Gasthäuser auf unserer weiteren Route. Da wäre die »Auberge au vieux Pressoir« in **Bollenberg** 6 Kilometer südlich von Rouffach zwischen Westhalten und Orschwihr (Weg erfragen, es lohnt sich!). In der **museumsreifen Wirtsstube** werden saftige Ochsenbrust oder Wildschweingerichte zum Hauswein Cru du Clos Sainte Apolline serviert – unverfälschtes Elsaß.

Wer die Tour noch am gleichen Tag zu Ende bringen will, radelt von Rouffach weiter auf der D 18 B über **Westhalten** (Achtung: Sterne-Lokal »Auberge Cheval Blanc«) nach **Soultzmatt**, einem **Weinort** mit einer **Wagenburg** (15. Jh.), der **Schaefferthal-Kapelle** und hervorragendem Riesling, Gewürztraminer und Silvaner. Ausnahmsweise versorgen wir uns mit Mineralwasser aus der dortigen Thermalquelle und folgen der D 5 über **Bergholtz**, **Issenheim** und **Soultz-Haut-Rhin** (Renaissance-Rathaus, St. Maurice-Kirche aus dem 13. Jh.) durch eine **liebliche Weinlandschaft** nach **Cernay**. Hier hat ***Cäsar*** 58 v.Chr. über die Sueben (Schwaben) gesiegt. Auch im Ersten Weltkrieg wurde der Ort stark umkämpft und fast völlig zerstört. Davon zeugt der Soldatenfriedhof direkt an der Ortsdurchfahrt. Von der mittelalterlichen Bebauung blieben ediglich Teile der Stadtmauer, ein altes Bürgerhaus sowie der **Thanner Turm** übrig, in dem heute ein Museum zu den Deutsch-Französischen Kriegen untergebracht ist. Im Sommer können Freunde von **Museumszügen** zwischen Cernay und Sentheim mit der **Dampfeisenbahn** fahren.

Noch 5 Kilometer (auf der D 35) bis zu unserem Ziel, vorbei an der Industrielandschaft von Vieux-Thann. **Thann** ist der Endpunkt (oder Beginn) der **Elsässer Weinstraße**. Die Stadt verdankt ihren Namen einer Sage: Als ***Bischof Theobald von Gubbio*** in Umbrien 1160 im Sterben lag, vermachte er seinen Bischofsring seinem treuen Diener. Der wollte dem Toten das Schmuckstück abziehen, hatte aber plötzlich den Ring samt Finger in der Hand. Er steckte die Reliquie in seinen ausgehöhlten Wanderstab und machte sich auf ins Elsaß. Am Rand der Vogesen legte er sich eines Abends unter freiem Himmel zum Schlafen nieder und steckte vorher seinen Stab in die Erde. Am nächsten Morgen war der Wanderstock nicht mehr zu entfernen, er hatte über Nacht Wurzeln geschlagen. Gleichzeitig erschien über ***drei Tannen*** ein himmlisches Licht. Das sah der ***Graf von Ferette*** auf seiner nahegelegenen ***Engelsburg***. Er eilte herbei und beschloß, an dieser Stelle eine

Kirche zu bauen. Sie wurde ein bedeutender Wallfahrtsort. Die Stadt, die um das Gotteshaus entstand, nannten die Pilger nach den Wunderbäumen »Thann«. Noch heute findet jeden 30. Juni vor der Kirche das **Fest der Tannenverbrennung** statt. Dann werden drei Bäume verbrannt.

Ein altes Elsässer Sprichwort sagt: »Die Kirche von Straßburg ist die höchste, die von Freiburg (Breisgau) die größte, die von Thann aber die schönste!« Da ist was dran. Das gotische **St. Thiébaut-Münster** von Thann (14.–16.Jh) ist mit seinem hohen Chor, den **Glasfenstern** aus dem 15. Jahrhundert, den glasierten Dachziegeln und dem filigranen Turm ein eindrucksvoller Kirchenbau. Besonders sehenswert ist die Westfassade mit dem **Portal**, das mit **450 Steinfiguren** geschmückt ist. Das kunstvolle **Chorgestühl** im Innern (15.Jh.) sowie die mittelalterlichen Glasfenster gehören zu den großen Kirchenschätzen des Landes. Es heißt, daß beim Bau von St. Theobald der beste Wein von Thann unter den Mörtel gemischt wurde. Beim Gang durch die **Altstadtgassen** stoßen wir auf das »Caveau de l'Engelsbourg«, ein Restaurant, in dem wir am Abend den Wein von Thann bescheiden verkosten. Eigentlich zu schade für Mörtel.

Ausgangsort und Anfahrt
Colmar, Bahnhof.

Zielpunkt und Rückfahrt
Colmar.

Radverleih
siehe Tour 2.

Übernachtungen unterwegs
• *Colmar:* siehe Tour 2;
• *Eguisheim:* Camping Municipal, Les Trois-Châteaux (an der N 83), Tel. 89 23 19 39;
• *Rouffach:* »Château d'Isenbourg«, Sport-Hotel der Extraklasse mit entsprechendem Preisniveau, an der N 83, Tel. 89 49 63 53;
• *Thann:* »Hôtel Kléber« (mit Restaurant), 39, Rue Kléber, Tel. 89 37 13 66.

Einkehrmöglichkeiten
• *Colmar:* siehe Tour 2;
• *Eguisheim:* »Caveau d'Eguisheim«, Mi (abends) und Do geschl., 3,place du Château, Tel. 89 41 08 89;
• *Pfaffenheim:* »Maison G. Humbrecht & Fils«, Weingut-Ausschank mit Übernachtungsmöglichkeiten, So (mittags) geschl., Place Notre Dame, Tel. 89 49 62 97;
• *Rouffach:* »Château d'Isenbourg«, 1 Michelin-Stern, Adr. siehe Übernachtungen; »Philippe Bohrer«, ebenfalls 1 Michelin-Stern, trotzdem günstiges Mittagsmenü, Mo geschl., Rue Poincaré, Tel., 89 49 62 49; »Vieux Pressoir«, Elsässer Weinstube in Bollenberg, Tel. 89 49 60 04;
• *Westhalten:* »Auberge Cheval Blanc«, der 3. Sternen-Tempel im Umkreis von Rouffach, So (abends) und Mo geschl., Tel. 89 47 01 16;
• *Thann:* »Caveau de l'Engelbourg«, 10, rue de Général-de-Gaulle, Tel. 89 37 20 21.

Öffnungszeiten
• *Cernay:* Kriegsmuseum im Thanner Turm, 1.Juni–15.Sept. Mo–Sa 10–11.30 und 15–17.30 Uhr, Di. So und Feiertage geschl.; Touristenbahn Cernay–Sentheim Juli–Sept. So und Feiertage Abfahrt in Cernay 11 und 15.30 Uhr, Juli und Aug. zusätzlich Mi und Sa, Abfahrt Cernay 15 Uhr; Thann:
• *Heimatmuseum* (Musée d'Art et d'Histoire Locale) in der Kornhalle, 24, rue Thiébaut, 15. Mai–10.Okt. tägl. 10–12 und 14.30–18.30 Uhr, Mo geschl.

Auskunft
• *Colmar:* siehe Tour 2;
• *Rouffach:* Office de Tourisme, Hôtel de Ville (im alten Rathaus), Tel. 89 78 53 15;
• *Thann:* Office de Tourisme, 6,place Joffre, Tel. 89 37 96 20.

Karten
3616 IGN – Série Verte Nr. 31, 1:100 000; Michelin Atlas Routier France, S. 61 u. 77, 1:200 000.

25 An der Ill: Rundtour von Rouffach

Ausgangsort
Rouffach.

Zielpunkt
Rouffach.

Etappenlänge
41 km.

Zeitdauer
6 Std.

Gelände/Steigungen
Flachland, leichte Fahrt, kaum Höhenunterschiede.

Sehenswertes am Weg
Flußlauf der Ill; Vauban-Festung Neuf-Brisach; Logelheim; Wehrdorf Ste.-Croix-en-Plaine.

Wir verlassen Rouffach auf der D 18 BiS in östlicher Richtung und unterqueren erst die Schnellstraße, dann die Autobahn. Der erste Ort auf unserem Weg ist das **Fachwerkdorf Niederentzen**. Hier überqueren wir erstmals die **Ill**, mit einer Länge von 217 Kilometern der längste Fluß des Elsaß'. In **Rustenhart**, einer alten Anabaptistensiedlung mit dem bekannten **Rheinfelderhof**, einer alten Zisterzienserscheune, fahren wir links auf die D 2 BiS durch den **Dessenheimer Forst**, einen merkwürdigen Wald mit Trockenwiesen und kahlen Bäumen; die Landschaft erinnert an eine südländische Klimazone. Dessenheim selbst ist ein traditionelles Bauerndorf mit einer imposanten Kirche – dem **Hardtmünster** – aus dem vergangenen Jahrhundert. Hinter Dessenheim fahren wir über den **Vauban-Kanal**, den der Militärbaumeister *Vauban* bauen ließ, um die Ill mit dem Rhein zu verbinden. Nach **Weckolsheim** Weiterfahrt auf der D 1 BiS bis nach **Neuf-Brisach**. Der Ort entstand um 1700 auf der linken Rheinseite gegenüber dem deutschen Breisach, das zwar seit 1648 französisch war, jedoch aufgrund der Friedensverträge von Ryswick an die *Habsburger* zurückgegeben werden mußte. Als Bollwerk gegen Österreich ließ der Sonnenkönig *Ludwig XIV.* unter der Leitung

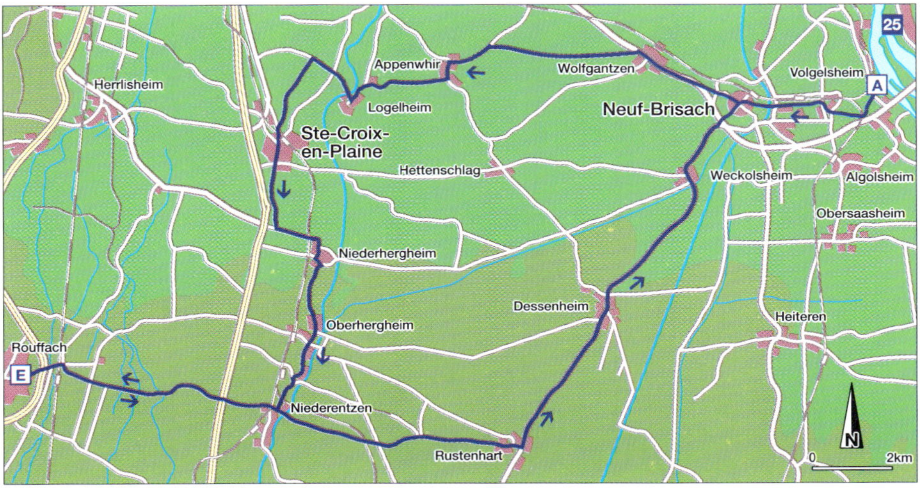

An der Ill. Der größte Fluß des Elsaß´ist weitgehend naturbelassen. Ein Paradies für Fischer und Hobbyangler.

seines genialen Baumeisters ***Sébastien Vauban*** von 1698 bis 1708 eine Festung anlegen, die seinerzeit die größte Frankreichs war. Ein gewaltiger achteckiger Verteidigungsring umgab eine Stadt mit Garnisonskirche, riesigem Exerzierplatz und Straßenzeilen, die im Schachbrettmuster angelegt wurden. Bei Luftaufnahmen ist dieses Bauprinzip noch deutlich erkennbar. Die Festung wurde während des Deutsch-Französischen Kriegs 1870/71 und im Zweiten Weltkrieg stark beschädigt. Sie steht heute unter Denkmalschutz. Das **Vauban-Museum** im ehemaligen Stadttor **Porte de Belfort** zeigt u. a. auch ein Modell des ursprünglichen Forts. Tips für's Mittagessen: »Au Soleil« oder »La Petite Palette«, beide mit günstigen Menüs. Vom **Rheinhafen Vogelsheim** kann man im Sommer mit einer **Dampfeisenbahn** aus dem Jahr 1900 bis **Marckolsheim** am Rhein entlang fahren oder mit einem **alten Dampfer** (1930) auf dem Fluß schippern. Weiterfahrt ein kurzes Stück auf der N 415 bis **Wolfgantzen**, dann auf die D 1 durch den **Kastenwald** über **Appenwihr** nach **Logelheim**. Dieses schöne **Fachwerkdorf** liegt an der Ill. Früher hatten hier noch Berufsfischer ihr Auskommen, mittlerweile fischen nur noch Angler in dem weitgehend naturbelassenen Fluß, in den alle wichtigen Bäche der Südlichen und Mittleren Vogesen münden. Das **Illtal** ist in weiten Teilen ein **Naturparadies** mit **seltenen Tieren** wie Eisvögeln geblieben. Rückfahrt nach Rouffach über die D 1 nach **Ste.-Croix-en-Plaine**, einem runden **Wehrdorf** mit **Renaissance-Häusern** und einer **spätgotischen Kirche** von 1550. Dann über die D 1 BiS nach **Niederhergheim** und auf der D 8 entlang der Ill über **Oberhergheim** und **Bilzheim** nach **Niederentzen**, wo wir auf die D 18 BiS biegen und nach Rouffach zurückfahren.

Ausgangsort und Anfahrt
Rouffach, Bahnhof.

Zielpunkt und Rückfahrt
Rouffach.

Radverleih
Office de Tourisme und im Hotel »Château d'Isenbourg«, auch organisierte Radtouren (Adresse siehe Tour 24).

Übernachtungen und Einkehrmöglichkeiten
• *Rouffach:* siehe Tour 24;
• *Neuf-Brisach:* »Au Soleil«, 6, rue de Bâle, Restaurant (So abends und Mo geschl.) mit Hotel, Tel. 89 72 51 28;
»La Petite Palette«, Mo und Di (jeweils abends) geschl., Tel. 89 72 61 93.

Öffnungszeiten
• *Neuf-Brisach:* Vauban-Museum, Mai – Okt. Tägl. 10–12 und 14–17 Uhr, Di geschl.; Dampfzugfahrt am Rhein, Abfahrt Bahnhof Vogelsheim und Dampferfahrt Abfahrt am Rheinhafen Pfingst-So bis 2. So im Sept. jeweils So und feiertags um 15.15 Uhr.

Auskunft
• *Rouffach:* siehe Tour 24;
• *Neuf-Brisach:* Office de Tourisme, Place d'Armes (Paradeplatz), Tel. 89 26 07 86.

Karten
3615 IGN – Série Verte Nr. 31, 1:100 000; Michelin Atlas Routier France, S. 61, 1:200 000.

26 Die Museumstour: Rundtour von Mulhouse

Ausgangsort
Mulhouse.

Zielpunkt
Mulhouse.

Etappenlänge
58 km.

Zeitdauer
8 Std., allerdings sollte für den Besuch der Sehenswürdigkeiten und Museen von Mulhouse ein ganzer Tag eingerechnet werden.

Gelände/Steigungen
Flache Landschaft, kaum Höhenunterschiede.

Sehenswertes am Weg
Renommierte Museen von Mulhouse; karolingische Kirche in Ottmarsheim; »A la Couronne« in Ensisheim; das Elsässer Bauernmuseum.

So ungünstig der erste Eindruck von **Mulhouse** (Mühlhausen) auch sein mag: Die Stadt, mit 109 000 Einwohner die zweitgrößte des Elsaß, hat trotz seiner Industrieansiedlungen (Textil- und Automobilwerke) auch seine **touristischen Reize**. Obwohl der Ort, der bereits im 8. Jahrhundert wegen seiner Mühle an der Ill bekannt war, im Zweiten Weltkrieg stark zerstört und neu aufgebaut wurde, gibt es in der Innenstadt einige **sehenswerte Gebäudeensembles**. Das schönste steht mit Kirche und Rathaus an der weitläufigen **Place de la Réunion**. Das Gotteshaus **Temple St. Etienne** stammt ursprünglich aus dem 14. Jahrhundert; es wurde jedoch im 19. Jahrhundert zerstört und wiederaufgebaut. Die **Kirchenfenster** sind noch Originalteile aus dem Mittelalter. Gegenüber erhebt sich die hervorragend restau-

Restaurierte Gotik aus dem 19. Jh: die Sandsteinfassade des Temple St. Étienne in Mulhouse im Abendlicht.

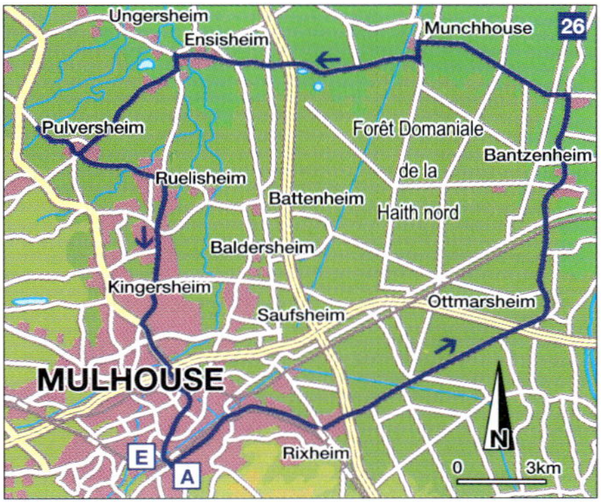

rierte, rosa Fassade des **Renaissance-Rathauses** (16. Jh.) mit überdachter Freitreppe. An der rechten Seite des Hôtel de Ville hängt eine Kopie des 13 Kilo schweren **Klappersteins**. Der wurde im Mittelalter Verleumdern um den Hals gehängt. Zum Gespött ihrer Mitbürger mußten sie damit, auf einem Esel rückwärts sitzend, durch die Stadt reiten. Das Original wird **Historischen Museum** im Rathaus neben anderen Exponaten aus der wechselvollen Stadtgeschichte Mühlhausens ausgestellt. Damit wären wir beim entsprechenden Stichwort: Mulhouse ist die sicherlich **interessanteste Museumsstadt des Elsaß'**. Das **Kunstmuseum** (Musée des Beaux-Arts) stellt in einem Gebäude aus dem 18. Jahrhundert u. a. Werke der Künstler ***Lucas Cranach*** und ***Pieter Breughel*** sowie des Sundgauer Malers ***Jean-Jacques Henner*** aus. Electropolis ist das **Museum des elektrischen Stroms**, eine witzige Ausstellung über die Geschichte der Elektrizität. In einem Gebäude der Mühlhauser Industriegesellschaft (Societé Industrielle de Mulhouse) ist das **Stoffdruckmuseum** untergebracht, das die außergewöhnliche Geschichte der französischen Stoffdrucktechnik dokumentiert. Das **Französische Eisenbahnmuseum** ist ein Mekka internationaler Eisenbahnfreunde. Neben historischen Lokomotiven werden auch berühmte Salonwagen, Signale, Weichen etc. ausgestellt. In einem Seitengebäude ist das **Feuerwehrmuseum** untergebracht. Die schönste Ausstellung der Stadt ist das **Automobilmuseum**, eine einzigartige Sammlung von Oldtimern. Die Kollektion umfaßt 500 historische Wagen der Marken Alfa Romeo, Maserati, Mercedes, Peugeot, Ferrari und Rolls Royce (die Limousine von Charlie Chaplin) etc. Eine Ausstellung in der Ausstellung sind die 123 Bugattis, die weltgrößte Sammlung dieser Art. Ihr Wert ist unschätzbar. Die ***Gebrüder Schlumpf***, denen eine Kammgarnfabrik in Thurtal bei Thann gehörte, hatten die kostbaren Autos (unter ihnen auch ausrangierte Formel-1-Rennwagen) im Laufe der Jahrzehnte gekauft. Diese Leidenschaft führte zum Bankrott ihres Betriebs. Ein Verein erwarb die private Ausstellung und machte sie 1982 der Öffentlichkeit zugänglich. Ein weiterer Grund, einen Tag (oder Abend) in Mulhouse zu verweilen, ist seine gepflegte Gastronomie. Hervorzuheben sind die beiden ausgezeichneten, nicht ganz

Elsässer Renaissance in Reinform: das Rathaus von Mulhouse. Es wurde im 16. Jh. gebaut.

Das Automobilmuseum von Mulhouse: die schönste Sammlung von Bugatti-Autos. Der legendäre Konstrukteur arbeitete im Elsaß.

billigen Sterne-Restaurants »Auberge de la Tonelle« (Schneckenspezialitäten) und »La Poste« (St. Pierrefisch in Caramel-Sauce) im Ortsteil **Riedisheim**. Am **Marktplatz** wird von Jacques Michel im »Au Quai de la Cloche« erlesene Elsässer Küche (heiße Stopfleber an Essig mit Sauerkraut) zelebriert wie auch im »Wir« des Patrons Raymond Wir (Fischertopf mit gedämpften Artischoken). Rustikaler geht's in den **urigen Weinstuben** »Aux Caves du Vieux Couvent«, »Henriette« und »Zum Sauwadala« zu. Für einen Abendaufenthalt spricht auch das architektonisch reizvolle **Kulturzentrum La Filature** (Theater, Oper, Ballett, Konzerte und Gastspiele). So starten wir erst am nächsten Morgen zu unserer Rundfahrt, die durch eine nicht unbedingt landschaftlich reizvolle, aber ungemein interessante Region mit echten Highlights führt. Wir fahren am Kulturzentrum La Filature ab und radeln auf der *Route de Mulhouse* nach **Rixheim**. Im Seitentrakt einer historischen Tapetenfabrik von 1798, die heute noch produziert, ist das **Tapetenmuseum** untergebracht, das neben Maschinen Tapeten aller Epochen, Stilrichtungen und Länder ausstellt. Von Rixheim geht's über die D 108 über den **Rhein-Rhône-Kanal** durch den riesigen **Hardtwald** nach **Ottmarsheim** am Rhein. Dort steht die **achteckige Kirche** der ehemaligen Benediktinerabtei, die 1049 von Papst *Leo IX.* geweiht wurde. Das Gotteshaus ist ein exakter Nachbau der karolingischen Pfalzkapelle in Aachen. Tip für Technik-Anhänger: Besuch der **Wasserkraftwerke** und riesigen **Schleusen**. Auf der D 468 fahren wir in nördliche Richtung und biegen in **Bantzenheim** nach links auf die D 8 ab; erneut geht's durch den **Hardter Forst**. Hinter **Munchhouse** fahren wir auf der D 47 nach **Ensisheim**, ein Ort, der bereits im 5. Jahrhundert v. Chr. von *Kelten* besiedelt wurde und im Mittelalter Hauptstadt der *Habsburger Besitztümer* im Elsaß war. Einkehr ins »Hôtel de la Couronne«, in dem der französische Feldherr *Turenne* 1675 vor der siegreichen Schlacht von Turckheim (gegen die Österreicher) gewohnt haben soll. Heute ist in diesem schönen Haus von 1609 ein ausgezeichnetes Restaurant eingerichtet. Danach ein kurzer Gang durchs **Museum** im Regimentsbau. Dort werden die Reste jenes **Meteoriten** ausgestellt, der 1492 als der erste in der Geschichtsschreibung registrierte Himmelskörper auf Ensisheim gefallen war. Von den ursprünglichen 130 kg sind noch 54 erhalten.

Weiterfahrt auf D 101 nach **Pulversheim** und von dort (ausgeschildert) zum **Elsässer Bauernmuseum** (Ecomusée d'Alsace), das ausgerechnet zwischen den gespenstischen Halden und Fördertürmen eines riesigen Kalibergbaugebiets auf einem 15 Hektar großen Gelände angesiedelt wurde. Dennoch: Das Ecomusée ist das eindrucksvollste **historische Bauerndorf** des Landes. Über 60 alte Häuser und Gehöfte aus dem 12. bis 19. Jahrhundert wurden abgetragen und hier wieder aufgebaut. Auf den Dächern nisten Störche; in einer restaurierten Ölmühle, Schnapsbrennerei, Bäckerei, Schreinerei und Hufschmiede wird traditionelles Handwerk demonstriert und in einigen Ställen sogar Vieh gehalten. Daneben treten Trachtengruppen auf. Kleine Rast auf einer der schattigen Restaurantterrassen oder einem der Picknickplätze, dann radeln wir über Pulversheim auf der D 234 und D 20 zurück nach Mulhouse. Tip für den nächsten Tag: Besuch im schönen, 25 Hektar großen **Botanischen und Zoologischen Garten** mit über 1200 Tieren. Danach Mittagessen in der sternengekrönten »Moulin du Kaegy« in **Steinbrunn-le-Bas**.

Ausgangsort und Anfahrt
Mulhouse, Bahnhof.

Zielpunkt und Rückfahrt
Mulhouse, Bahnhof.

Radverleih
Bahnhof von Mulhouse (SNCF).

Übernachtungen unterwegs
• *Mulhouse:* »Hotel Bourse«, ohne Restaurant, 14, rue Bourse, Tel. 89 56 18 44; »Hotel Bâle«, ohne Restaurant, 19, passage Central, Tel. 89 66 07 06; »Bristol«, ohne Restaurant, 18, av. Colmar, Tel. 89 42 50 57.

Einkehrmöglichkeiten
• *Mulhouse:* »Auberge de la Tonelle«, Mi geschl., 61, rue Mar.-Joffre in Riesdisheim, Tel. 89 54 25 77; »Poste«, So (abens) und Mo geschl., 7, rue Gén.-de-Gaulle in Riedisheim, Tel. 89 64 32 79; »Au Chai de la Cloche«, Sa (mittags), So (abends) und Mo geschl., 5,quai de la Chloche, Tel. 89 43 07 81; »Wir« (mit Hotel), 1,porte de Bâle, Tel. 89 56 13 22; »Aux Caves du Vieux Couvent«, So und Mo (mittags) geschl., 23, rue Couvent, Tel. 89 46 28 79; »Henriette«, So geschl., 9, rue Henriette (Fußgängerzone, Tel. 89 46 27 83; »Zum Sauwadala«, So und Mo geschl., 13, rue de l'Arsenal, Tel. 89 45 18 19;
• *Ensisheim:* »La Couronne« (10 Gästezimmer), So (abends) und Mo geschl., rue 1. Armée Française;
• *Steinbrunn-le-Bas:* »Moulin de Kaegy«, herausragendes Restaurant in einem historischen Gebäude aus dem 16. Jahrhundert, So (abends) und Mo geschl., Tel. 89 81 30 34.

Öffnungszeiten
• *Mulhouse:* Historisches Museum im Rathaus, Place de la Réunion, Mo–So 10–12 und 14–17 Uhr, Di geschl. Mitte Juni–Sept. zusätzlich Do 20.30–22 Uhr; Kunst-Museum, 4,place Guillaume, Mitte Juni–Sept. Mo–So 10–12 und 14–16 Uhr, Di geschl., Okt.–Mitte Juni Mo–So 10–12 und 14–17 Uhr, Do 10–18 Uhr, Di geschl.; Museum des elektrischen Stroms, tägl. 10–18 Uhr, Mo geschl.; Stoffdruckmuseum (Musée de l'Impression sur Etoffes), 3, rue des Bonnes-Gens, wird z. Z. umstrukturiert, neue Öffnungszeiten im Office de Tourisme erfragen; Eisenbahnmuseum (Musée Français du Chemin de Fer), 2, rue Alfred-de-Glehn, April–Sept. tägl. 9–18 Uhr, Okt.–März tägl. 9–17 Uhr; Feuerwehrmuseum, gleiche Adresse, gleiche Öffnungszeiten; Automobilmuseum (Musée National de l'Automobile), 192, av. Colmar, tägl. 10–18 Uhr, Okt–April Di geschl.;
• *Rixheim:* Tapetenmuseum (Musée du Papier Paint), 28, rue Zuber, Mo–So 10–12 und 14–18 Uhr, Di geschl.; Museum im Regimentsbau, Mai–15. Sept. Mo–Sa 14–17.30 Uhr, So und Feiertage zusätzlich 10–12 Uhr, Di geschl.;
• *Ungersheim/Pulversheim:* Elsässer Bauernmuseum, tägl. geöffnet, April–Mai 10–18 Uhr, Juni und Sept. 9–18 Uhr; Juli–Aug 9–19 Uhr, Okt–Dez. und März 11–17 Uhr, Jan.–Feb. geschl.

Auskunft
• *Mulhouse:* Office de Tourisme, 9, av. Foch, Tel. 89 45 68 31.

Karten
3615 IGN – Série Verte Nr. 31, 1:100 000; Michelin Atlas Routier France, S. 77, 1:200 000.

27

27 Zum Grand Ballon

Ausgangsort
Thann.

Zielpunkt
Thann.

Etappenlänge
46 km.

Zeitdauer
7–8 Std.

Gelände/Steigungen
Schwierigste Route in diesem Buch, steile Bergfahrt, ebenso steile Abfahrt, Höhenunterschied 1000 m.

Sehenswertes am Weg
Grandiose Berglandschaft rund um den Grand Ballon.

Günstige Jahreszeit
Frühsommer und Herbst.

Bosondere Ausrüstung
Warme Kleidung mitnehmen, auf dem Grand Ballon pfeift ein kräftiger Wind

Empfehlenswerter Radtyp
Mountainbike.

Wir verlassen Thann in westlicher Richtung und fahren ein kurzes Stück auf der N 66 bis **Bitschwiller**. Von den Berghängen zur rechten Seite grüßt die **Ruine der Engelbourg**. Die Anlage wurde 1674 gesprengt, dabei stürzte der Bergfried um. Seine Reste werden im Volksmund »Hexenauge« genannt. In Bitschwiller nehmen wir eine kleinere, weniger befahrene Parallelstraße rechts der Thur und erreichen nach wenigen Minuten **Willer-sur-Tour**. Auf der D 13 »klettern« wir über **Goldbach** dem **Col Amic** entgegen, wo unsere Straße in die *Route des Crêtes* mündet, auf der wir weiter in steilen Serpentinen zum **Grand Ballon** am **Chalet du Ballon** vorbei strampeln (oder zeitweise schieben). Je nach Kondition erreichen wir mehr oder weniger erschöpft die Gipfelstation. Von da sind es noch einige hundert Meter zu Fuß bis zur kahlen Rundkuppe des mit 1424 m **höchsten Vogesengipfels**. Die **Panoramasicht** ist bei gutem Wetter überwältigend. Man glaubt, daß hier oben keltische Druiden den Sonnengott Belenus anbeteten. Eine kleine Wanderung führt zum **Lac du Ballon**, einem an sich natürlichen **Gletschersee**, der bereits im Mittelalter von Mönchen des Klosters Murbach mit einem Damm gesichert wurde. Der Militärbaumeister ***Vauban*** erhöhte 1699 die Staumauer, um die Wasserversorgung für einen Kanal zu sichern, auf dem das Baumaterial für die Festung Neuf-Brisach transportiert wurde. Wer jetzt nicht gerade vor Hunger und Durst stirbt, sollte auf einen Imbiß in der Gipfelkneipe verzichten, denn bei unserer Rückfahrt auf der *Route des Crêtes* – nur noch bergab! –

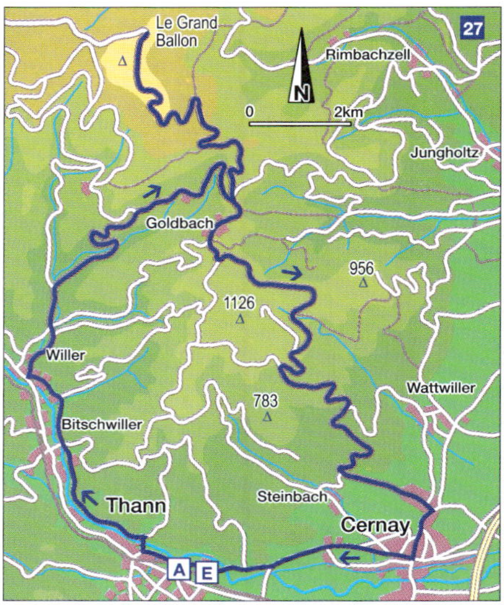

Hochgebirgslandschaft in den Vogesen. Aussicht auf die Granitblöcke des Petit Ballon und andere Gipfel.

kommen wir an einigen gemütlichen Ferme Auberges vorbei, etwa an der »Ferme Auberge du Kohlschlag« am **Col Amic** (ausgeschildert). Es ist eine **wilde Berglandschaft**, durch die früher zahlreiche Wölfe und Bären streiften; der letzte wurde 1908 erlegt. Jetzt kraxeln hier oben nur noch einige Gemsen herum, die man mit einigem Glück sogar beobachten kann. Weiter geht's bergab, vorbei an den Ruinen der **Burg Freundschaft** auf 948 Metern Höhe. Sie wurde während der Bauernkriege angezündet. Ganz in der Nähe (ausgeschildert) befindet sich die »Ferme Auberge du Freundschaft« mit hausgemachtem Munsterkäse. Bei unserer Weiterfahrt passieren wir auf der linken Seite das blutige **Schlachtfeld von Vieil Armand** (Hartmannswillerkopf), wo während des Ersten Weltkriegs über 30 000 deutsche und französische Soldaten in einem sinnlosen Stellungskrieg ihr Leben lassen mußten. Es heißt, daß hier oben kein Quadratmeter ohne Granateinschlag geblieben ist.

Die *Route des Crêtes* endet (oder beginnt) in **Cernay**, von wo wir zurück nach Thann radeln.

Ausgangsort und Anfahrt
Thann, Bahnhof.

Zielpunkt und Rückfahrt
Thann.

Radverleih
Info bei Office de Tourisme in Thann.

Übernachtungen und Einkehrmöglichkeiten
- *Thann:* siehe Tour 24;
- *Route des Crêtes:* »Ferme Auberge du Kohlschlag«, 9–19 Uhr geöffnet, Tel. 89 82 31 28; »Ferme Auberge de Freundschaft«, Berghof mit Übernachtungsmöglichkeiten, Tel. 89 82 31 63.

Auskunft
- *Thann:* siehe Tour 24.

Karten
3615 IGN – Série Verte Nr. 31, 1:100 000; Michelin Atlas Routier France, S. 77, 1:200 000.

28 Zu den Sundgau-Weihern: Rundtour von Altkirch

Ausgangsort
Altkirch.

Zielpunkt
Altkirch.

Gesamttourenlänge
26 bzw. 35 km.

Zeitdauer
4 bzw. 5 Std.

Gelände/Steigungen
Sanfthügelige Landschaft, Höhenunterschied 100 m.

Sehenswertes am Weg
Oberstadt von Altkirch mit Sundgau-Museum; die Weiher des Sundgau – und immer wieder gebackener Karpfen.

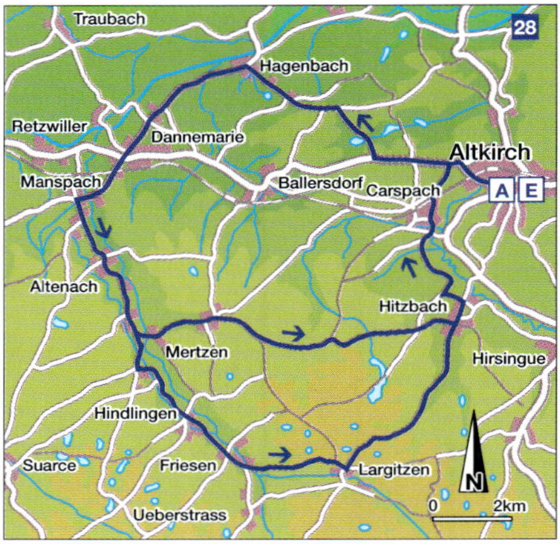

Altkirch ist die **Hauptstadt des Sundgaus**. Der älteste Teil des Ortes liegt auf einem Hügel, als würden sich die Häuser um ein Schloß scharen. Tatsächlich stand hier seit dem 13. Jahrhundert die Burg der *Grafen von Ferrette*, die über die *Pforte zum Burgund* wachten. An der Stelle des alten Schlosses erhebt sich jetzt die **neo-romanische Kirche Notre-Dame** aus der Mitte des 19. Jahrhunderts. Schöner Blick vom **Kirchplatz** ins Tal. Die Straße von Notre-Dame führt zur **Place République** mit schönen **Barock- und Renaissancehäusern**. Der Platz wird dominiert vom **Rathaus** aus dem 18. Jahrhundert. Gleich daneben ist in einem historischen Gebäude das **Sundgau-Museum** untergebracht, das Geschichte und Kultur der Gegend mit Trachten, Statuen, Bildern der Sundgau-Maler **Henner** und **Lehmann** sowie einem Modell der alten Burg von Altkirch dokumentiert. Unsere Route führt durch eine stille, sanft geschwungene Bauernlandschaft mit verträumten Dörfern, Äckern und Feldern, die immer wieder von Laubwaldhainen unterbrochen werden. Eine erholsame Tour – für Körper und Seele. Wir fahren von Altkirch auf der D 419 nach Westen und biegen auf die D 25 nach **Hagenbach** ab. Dann weiter auf der D 103 entlang des **Rhein-Rhône-Kanals**, der in einiger Entfernung auf der rechten Seite vorbeifließt. Wir durchqueren **Gommersdorf** (schöne Fachwerkhäuser) und **Dan-**

Typisches Sundgau-Dorf: Hirtzbach bei Altkirch. Hier scheint die Zeit stehengeblieben zu sein.

nemarie und biegen dann auf die D 7b. Damit sind wir auf der **Route des Carpes frites**, auf der Straße der gebackenen Karpfen, die sich, aus rein touristischen Gründen, quer durch den Sundgau windet. Es soll nicht unser Schaden sein. Immer wieder kommen wir an Weihern vorbei, in denen Karpfen und Schleien gehalten werden. Der ganze Sundgau ist übersät von diesen **kleinen Seen**. Über **St. Ulrich** (Klosterruine aus dem 12. Jahrhundert und Revolutionseiche) erreichen wir **Strueth**, ein stilles **Fachwerkdorf** mit einer Kapelle mit Wandgemälden aus dem 15. Jahrhundert. Zeit für eine erste Rast – in der »Ferme Auberge du Paradis« (Ortsteil Mertzen) neben einem Karpfenteich. Hier können wir gegen eine Gebühr angeln und den Fisch – so Gott will – der Küche geben. Oder wir bestellen ganz einfach: Karpfen, oder Baeckeoffa oder Coq au Riesling. Nach dem Mahl können wir direkt auf der D 17 durch das bewaldete **Champ de Tir** nach Hirtzbach fahren. Oder wir machen den erholsamen Umweg (auf der D 7b) über **Friesen** (D 17) und

Einer der vielen Sundgau-Weiher für die Karpfenzucht. Die Fische werden in den meisten Restaurants der Region frisch angeboten.

Largitzen. **Hirtzbach** ist ein außergewöhnlich hübsches Fachwerkdorf mit blumengeschmückten Häusern und einem **Schloß** aus dem 18. Jahrhundert. Außerdem hat der Ort mit dem »Restaurant de la Gare – Munzenberger« eine handfeste Attraktion – frittierter Karpfen, wie er sein soll: jung, saftig, mit selbstgeschlagener Mayonnaise und einem knak- kigen Salat. Rückfahrt über **Carspach** nach Altkirch.

Ausgangsort und Anfahrt
Altkirch, Bahnhof.

Zielpunkt und Rückfahrt
Altkirch, Bahnhof.

Radverleih
Info bei Office de Tourisme in Altkirch.

Übernachtungen und Einkehrmöglichkeiten
• *Altkirch:* »Auberge Sundgovienne«, empfehlenswertes Restaurant mit Hotel, Mo und Di (mittags) geschl., Route de Belfort, Tel., 89 40 97 18; »A la Couronne«, Restaurant in Carspach bei Altkirch, Di (abends) und Mi geschl., 9, rue de Steinsoultz, Tel. 89 40 93 09;
• *Strueth-Mertzen:* »Ferme Auberge du Paradis«, tägl. geöffnet, Nebensaison nur Fr–So, Tel. 89 07 21 46;
• *Hirtzbach:* »De la Gare – Munzenberger«, Di (abends) und Mi geschl., 16, rue Principale, Tel 89 40 93 72;
»Ottié«, Restaurant mit schöner Terrasse und 13 Gästezimmer,
Mo (abends) und Di geschl. An der Kreuzung D 432/D 17; Tel. 89 40 93 22.

Öffnungszeiten
• *Altkirch:* Sundgau-Museum (Musée Sundgovien), Place de la Republique, Di–So 15–17.30 Uhr.

Auskunft
• *Altkirch:* Office de Tourisme, Place Xavier Jourdain, Tel. 89 40 95 77.

Karten
3615 IGN – Série Verte Nr. 31, 1:100 000; Michelin Atlas Routier France, S. 77, 1:200 000.

29

29 Im Elsässer Jura: Rundtour von Ferette

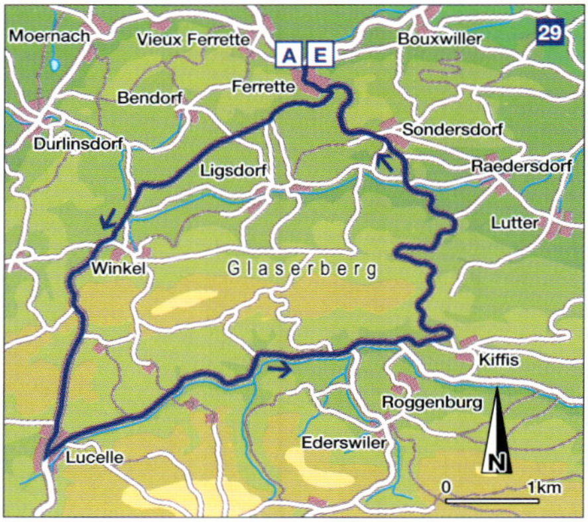

Ausgangsort
Ferrette.

Zielpunkt
Ferrette.

Gesamttourenlänge
32 km.

Zeitdauer
ca. 5 Std.

Gelände/Steigungen
Höhenunterschied bis 300 m.

Sehenswertes am Weg
das historische Ferrette; Ill-Quelle in Winkel; Berglandschaft des Jura; Klosterruinen von Lucelle; Wildbachtal.

So merkwürdig es auch klingen mag: **Ferrette**, dieses winzige aber ungemein reizvolle Städtchen vor der Bergkulisse des **Elsässer Jura**, hat eine enge Beziehung zu ***Monaco***. Das kam so: Zwischen 1125 und 1324 residierten die ***Grafen von Ferrette*** auf der Burg über dem Ort. Durch Heirat kam die Stadt an die österreichischen ***Habsburger***, später an die ***Grimaldis***. ***Fürst Rainier von Monaco*** trägt immer noch den Titel eines Grafen von Ferrette, obwohl der Ort seit 1648 französisch ist. In der Unterstadt sammeln sich etliche **Fachwerkhäuser** um die **Place de Mazarin**; in der Oberstadt steht das **Renaissance-Rathaus** von 1570. Oberhalb der Ruine des **Château de Ferrette** erhebt sich eine noch ältere Festung. Beide Burgen sind auf einem gut ausgeschilderten Fußweg zu erreichen.

Bevor wir aufbrechen, sollten wir den Käse zu einer zünftigen Brotzeit in der Käsestube bei Bernard Antony, einem berühmten Käse-Großmeister (Maître Fromager et Affineur), in **Vieux-Ferrette** kaufen. Dann geht's auf – im wahrsten Sinn des Wortes. Nach der Steigung (auf der D 41) führt die Straße nach **Winkel**, dem **Quellort der Ill**, einem beliebten Ausgangspunkt für Jura-Wanderungen, z. B. auf den meist einsamen **Kohlberg**, der einen herrlichen Blick über den Jura bietet.

Die weiten Wälder des Jura an der Grenze zur Schweiz. Hier ein Blick über den Kohlberg bei Winkel.

Ferrette, die Perle des Elsässer Jura, ein Städtchen in idyllischer Lage. Von den Burgen kontrollierten die Grafen von Ferrette das Land.

Wir fahren weiter, wieder bergauf (D 432), nach **Lucelle**, einem kleinen Weiler, der von der französisch-schweizerischen Grenze geteilt wird. Hier stehen noch Ruinenreste einer ehemaligen **Zisterzienserabtei**, die 1123 vom heiligen *Bernard von Clairvaux* gegründet wurde. Einkehr im Restaurant »Relais de l'Abbaye.« Die Fahrt geht dann auf der D 21 dem **Wildbachtal der Lucelle** entlang, die auch die Grenze zur Schweiz bildet. Bei der **Moulin-Neuf** biegen wir links ab und fahren die teilweise schwierige, aber sehr idyllische D 21 B über **Kiffis** und **Hippoltskirchen** zurück nach Ferrette. Abendessen im Restaurant des Hotel Collin. Es gibt Karpfen in allen Variationen.

Ausgangsort und Anfahrt
Ferrette, nächste Bahnstation in Altkirch.

Zielpunkt und Rückfahrt
Ferrette.

Übernachtungen und Einkehrmöglichkeiten
- *Altkirch:* »Hotel Collin« mit Restaurant (Di und Mi geschl.), 4, rue du Château, Tel. 89 40 40 72;
- *Lucelle:* »Relais de l'Abbaye«, Maison St-Bernard, Tel. 89 40 85 38.

Einkaufen: Käsestube Bernard Antony, Vieux-Ferrette, 17, rue de la Montagne, Tel. 89 40 42 22.

Auskunft
- *Ferrette:* Syndicat d'Initaitive du Jura Alsacien, Hôtel de Ville, Tel. 89 40 40 01.

Karten
3615 IGN – Série Verte Nr. 31, 1:100 000; Michelin Atlas Routier France, S. 77, 1:200 000.

30

30 Nach Basel

Ausgangsort
Altkirch.

Zielpunkt
Basel.

Etappenlänge
52 km.

Zeitdauer
7–8 Std. Std.

Gelände/Steigungen
Leicht hügelig, angenehme Fahrt, Höhenunterschied 80 m.

Sehenswertes am Weg
Sundgaudorf Knoeringue; Restaurant l'Ancienne Forge in Hagenthal-le-Haut; Burg Landkron in Leymen; La petite Camargue am Rhein; Fahrradmuseum in Basel.

Wir fahren zunächst von Altkirch (siehe Tour 28) auf der D 419 nach Osten. Bei **Tagsdorf** halten wir uns rechts und radeln auf der D 16 im **Thalbachtal** durch die Sundgaulandschaft. Nach **Hausgauen** (Kapelle St. Brix mit Kalvarienberg), **Hundsbach** (schöne Fachwerkhöfe) erreichen wir das **Fachwerkdorf Jettingen** (sehenswerte Friedhofskapelle mit Barockchor). Der übernächste Ort ist **Knoeringue**, eines der schönsten Sundgaudörfer mit **malerischen Fachwerkhäusern**, die sich um die alte **Pfarrkirche** (gotischer Chor, barocke Einrichtung) scharen. Auch Knoeringue liegt an der **Route des Carpes**, so ist es kein Wunder, daß uns die Wirtsleute beim Eintritt in den Gasthof »A la Couronne« gebackenen Karpfen empfehlen.

Nach der Pause geht's weiter auf der D 16 über **Folgensbourg**, wo wir kurz Halt machen und die **Dorfkirche** betreten. Sie besitzt neben einer Barockkanzel auch kostbare Altäre, die früher im Zisterzienserkloster von Lucelle standen. Das zweite bekannte Gebäude von Folgensbourg ist das **Schloßgut St. Apollinaire** aus dem 18. Jahrhundert. Wir bleiben auf der D 16, die uns nach **Hagenthal-le-Bas** bringt. Im Ortsteil **Hagenthal-le-Haut** kehren wir fürstlich ein: ins Restaurant »A l'Ancienne Forge«, ein Tempel feinster Regionalküche (Entenleberpastete!) mit günstigem Mittagsmenü. Danach könnten wir die mächtige Ruine der **Burg Landkron** in Leymen (D 12 B) besuchen. Auch diese wurde von den ***Grafen de Ferrette*** gebaut.

Oder wir fahren über **Hagenthal-le-Bas** und die D 12 B über **Hegenheim** und **Hesingué** parallel zum Flughafen von Basel nach **Blotzheim**. Dann rechts auf die D 12 B, über die Autobahn und durch einen Eisenbahnviadukt nach **St. Louis Chaussee** an der D 468. Ein kleiner Weg (ausgeschildert) führt in das **Naturschutzgebiet** der **Petite Camargue**, einer intakten Auenlandschaft, in der Orchideen

Im Zentrum von Altkirch, der Hauptstadt des Sundgau.

blühen, seltene Reptilien leben und Tausende von Zugvögeln rasten. So sah der Rhein noch vor 200 Jahren aus. Wieder zurück auf die D 468, dann ins nahe **Basel**. Die **mittelalterliche Altstadt** am Rhein mit **Münster** (12. Jh.), **Marktplatz**, **Rathaus**, **Fischmarktbrunnen**, die holprigen Gassen mit ihren kleinen gemütlichen Kneipen und der berühmte **Zoo** sind allemal einen Besuch wert. Vor allem die herausragenden Museen, von denen uns eines besonders naheliegt: das Sportmuseum mit der **Fahrrad-Abteilung**. 40 000 Exponate werden ausgestellt. Wer will und kann, darf im Sommer (Mai–Sept.) auf einen Hochrad durchs Umland strampeln. Das Museum organsiert entsprechende Ausflüge. Nur Mut!

Ausgangsort und Anfahrt
Altkirch, Bahnhof.

Zielpunkt und Rückfahrt
Basel, Bahnhof.

Übernachtungen und Einkehrmöglichkeiten
• *Altkirch:* siehe Tour 28;
• *Knoeringue:* »A la Couronne«, Di, Mi und Juli geschl., 7, rue l'Altkirch, Tel. 89 68 61 30;
• *Hagenthal-le-Haut:* »A l'Ancienne Forge«, Mo und Di geschl., 52, rue Principale, Tel. 89 68 56 10;
• *Basel:* »Hotel Steinschanze«, zentral gelegenes, preiswertes Gästehaus, Steingraben 69, Tel. 2 72 53 53; »Historisches Wirtshaus zu St. Jakob an der Birs«, gemütliches Restaurant im Biergarten, im Sommer Grillspezialitäten; Sa und So geschl., St. Jakobstraße 377, Tel. 3 11 72 97; »Bahnhofs-Buffet«, zwei Lokale im Bahnhof mit der Extraklasse Schweizer Bahnhofsrestaurants, Tel. 2 71 53 33.

Öffnungszeiten
• *Basel:* Sportmuseum, Missionsstr. 28, tägl. 14–17 Uhr.

Auskunft
• Altkirch: siehe Tour 28;
• *Basel:* City Information im Hauptbahnhof; Verkehrsbüro, Blumenrain 2, Tel. 061/25 50 50.

Karten
3615 IGN – Série Verte Nr. 31, 1:100 000; Michelin Atlas Routier France, 1:200 000.

Informationen für Radwanderer

Alles Wichtige rund ums Rad

Geeignete Radtypen

Der ideale Radtyp für Elsaß-Touren ist das Touren- oder Trekkingrad, mit dem man nicht nur auf asphaltierten Straßen, sondern auch auf Wald- und Feldwegen fahren kann. Es sollte eine Gangschaltung mit einer Bergübersetzung für die Vogesentouren haben und mit Cantilever-Bremsen ausgerüstet sein, deren Bremsklötze noch »frisch« sind. Ein Rennrad (Rennmaschine) macht nur Sinn, wenn stets auf asphaltierten Strecken gefahren wird. Mit einem Mountainbike, das grundsätzlich für die Bergrouten von Vorteil ist, können alle Touren gefahren werden. Wird größeres Reisegepäck in Satteltaschen (Hinterrad- und Vorderradtasche) mitgenommen, eignet sich das normale Tourenrad am besten.

Radpflege

Wichtig: Die Kette sollte stets gut geölt, die Reifen fest aufgepumpt sein. Schalt- und Bremszüge, die Mechanismen von Schaltung und Bremsen sowie die Lager der Laufräder müssen gut geschmiert sein. Lichtanlage überprüfen! Die Sattelhöhe stimmt, wenn man mit durchgestrecktem Bein mit der Ferse auf dem Pedal (bei tiefstem Umdrehungspunkt) steht.

Kleine Reparaturkunde

Platter Reifen: Zuerst nachsehen, ob das Ventil nicht locker ist. Bleibt nach dem Ventilwechsel oder Festschrauben der Reifen beim Aufpumpen dennoch platt, wird das Fahrrad auf den Kopf gestellt, die undichte Stelle gesucht und markiert. Reifen mit Reifen- oder Mantelheber aus der Felge hebeln, Schlauch herausziehen und defekte Stelle flicken: Gummi an defekter Stelle mit Sandpapier aufrauhen, Gummierlösung dünn auftragen und warten, bis sie grifftrocken ist. Dann Schutzpapier vom Flicken abziehen und Flicken auf den Schlauch drücken. Schlauch wieder in die Felge legen und Mantel drüberhebeln. Ist das Loch im Schlauch nicht zu finden oder zu groß, muß das Rad ausmontiert und der Schlauch in einem Wasserbad untersucht (Luftblasen verraten das Leck) oder ausgetauscht werden. Hinterrad mit Kettenschaltung: Kette auf kleinstes Zahnrad schalten, dann Kettenstraffer nach vorn biegen. Man bekommt dann genügend Spiel, um die Kette vom großen Zahnkranz zu heben, so daß das Hinterrad abmontiert werden kann.
Defekte Bremsen: Bremsklötze mit Schraubenschlüssel ersetzen. Achtung: Offene Seite des Bremsklotzhalters muß nach hinten zeigen, sonst rutscht der Bremsklotz beim Bremsen aus seiner Halterung. Zieht die Bremse dann immer noch zu zaghaft, muß sie nachgestellt werden. Beide Bremsbacken so zusammendrücken, bis sie auf jeder Seite nur 3 mm von der Felge Abstand haben; dann am Seilzug beide Muttern so drehen, daß die Bremsbacken von allein stehenbleiben.

Radzubehör

Das wichtigste Zubehör ist Werkzeug. Die Werkzeugtasche sollte enthalten: Gabel-, Rund- und Inbusschlüssel, Kombizange, Reifenheber, Speichenschlüssel, Schrau-

Der alte Stadtgraben von Wissembourg.

benschlüssel, Klebeband, Flickzeug, Schwamm, Ersatzglühbirnen und Kabel für die Lichtanlage. Die Mitnahme einer Luftpumpe und einer Taschenlampe mit Ersatzbatterien versteht sich von selbst. Vorteilhaft wäre auch ein Ersatzschlauch und -reifen. Zur Sicherheit tragen reflektierende »Katzenaugen« für die Speichen des Vorder- und Hinterrads bei; evtl. auch ein Warndreieck für die Sicherung bei Pannen mitnehmen. Straßen- und Wegekarten sowie Trinkflasche, Reiseführer etc. lassen sich am besten in einer kleinen Lenkertasche verstauen. Das Reisegepäck wird am besten in Satteltaschen für den Gepäckständer untergebracht. Zusätzliches Gepäck kann in einer größeren Vorderradtasche verstaut werden. Ist das Rad stark bepackt, sollte es mit einem Doppelständer ausgerüstet sein. Gegen Diebstahl schützt am besten ein Bügelschloß oder ein kräftiges Spiralkabel mit Schloß.

Verkehrsbestimmungen im Tourengebiet

In Frankreich gelten für Radfahrer die gleichen Regeln wie in Deutschland.
Grundsätzliche Sicherheitsregeln: Immer ganz rechts und nie nebeneinander fahren, nur links überholen. Vor dem Abbiegen rechtzeitig mit ausgestrecktem Arm Zeichen geben. Immer nur in vorgegebener Fahrtrichtung fahren. In der Dämmerung und bei Nebel Lichtanlage einschalten. Freihändig fahren kann lebensgefährlich sein.
Vorsicht bei nasser Fahrbahn und Rollsplitt: Rutschgefahr! Der Bremsweg verlängert sich erheblich!
Vorsicht bei Abfahrten in den Vogesen: enge Kurven! Gefahr der Auskühlung!
Bei der Benutzung von Wald- und Feldwegen immer auf Pflanzen und Tiere Rücksicht nehmen.

Hier die wichtigsten französischen Hinweise im Straßenverkehr:

accident – Unfall
attention – Vorsicht
bouchon – Stau
chantier – Baustelle
dangereux – gefährlich
début – Anfang
déviation – Umleitung
entrée – Einfahrt
fin – Ende
gravillons – Rollsplitt
priorité – Vorfahrt
poids lourds – Lkw
rétrécissement – verengte Fahrbahn
rue à sens unique – Einbahnstraße
tourner à droite – rechts abbiegen
tourner à gauche – links abbiegen
voiture de tourisme – Pkw

Radverleih, Radtransport, Radtourenveranstalter

Radverleih

An den Bahnhöfen der Städte wie Straßburg, Mulhouse, Colmar und Sélestat werden bei der SNCF Räder verliehen. Grundsätzlich sollte man in größeren Gemeinden in den Fremdenverkehrsämtern (Office de Tourisme oder Syndicat d'Initiative) nach Verleihmöglichkeiten fragen. Weitere Informationen bei der Elsässer Liga des Französischen Radwanderverbandes *Ligue d'Alsace de la FFCT, Präsident Jean Siry, 2, rue de Wattwiler, 68120 Richwiller, Tel. 89 55 30 00*. Der Verband umfaßt 70 Clubs mit 2400 Mitgliedern. Beim Radverleih sollte man unbedingt auf den richtigen Reifendruck, das einwandfreie Funktionieren von Bremsen, Schaltung und Lichtanlage sowie auf einen vernünftigen Diebstahlschutz achten.

Radtransport

Das Rad wird am günstigsten mit dem Zug zum Tourenausgangsort gebracht. Jeder Startpunkt ist maximal 30 Kilometer vom nächsten Bahnhof entfernt, so daß im Notfall ein Tag für die Anreise (per Rad) dazugerechnet werden muß. Auskünfte über Radtransport im Zug: *CADR, Tel. 88 75 17 50 / 89 42 73 42*. Verschiedene Hotels und französische Veranstalter bieten auch organisierte Radtouren an, bei denen die Ausrüstung (Rad etc.) gestellt wird. Info bei Ligue d'Alsace de la FFCT, siehe Radverleih. Einige Adressen:

- *Centre VTT de Colmar, Val de Munster, 8, rue Principal, 68920 La Forge-Wintzenheim, Tel. 89 71 12 16;*
- *Loisirs Accueil Haut-Rhin BP 371; 68007 Colmar Cedex; Tel. 89 20 10 60/89 20 10 62;*
- *Centre VTT du Grand Ballon, BP 6, 68690 Geishouse, Tel, 89 38 11 50;*
- *Itinérance-46, Petit Rombach, 68160 Ste.- Croix-aux-Mines, Tel. 89 58 56 40;*
- *Vert Tonic Organisation, 41a, rue du 3e Spahis, 68650 Bonhomme, Tel. 89 47 52 29;*
- *Tourhôtels Alsace - Hôtel La Rubanerie, La Claquette 67570 Rothau, Tel. 88 97 01 95;*
- *Relais Nature, 7, rue de Zittersheim, 67290 Wingen-sur-Moder, Tel. 88 89 80 07.*

Deutsche Radtourenveranstalter:

Mehrtägige Touren mit Hotelübernachtungen, Gepäcktransport und Reisebegleitung bieten an:

- *Rotalis – Reisen per Rad; 85593 Baldham, Tel. 08106/3 41 75;*
- *Velotours-Radreisen, Mainaustr. 34, 78464 Konstanz, Tel. 07531/98 28 0;*
- *Weinradel-Gesellschaft für Kultur- und Erlebnisreisen mbH, Weststr. 37, 52074 Aachen, Tel. 0241/87 62 62.*

Gut vorbereitet!

Vorbereitung
Man sollte eine mehrtägige Radtour im Ausland nie ohne eine konditionelle Vorbereitung antreten. Etwa 4-6 Wochen vorher täglich radeln, am Wochenende auch mal eine längere Tour von mehreren Stunden einlegen. Berg-, Hügel- aber auch Talfahrt vorher trainieren.

Ausrüstung
Auf jeden Fall sollte man seine Tour vorher sorgfältig planen. Dazu gehört das Studium von Straßenkarten und Reiseführern, die auf die Route mitgenommen werden sollten.
Gepäck für kurze Strecken: Handtuch, Badezeug, Sonnenschutz, Regenumhang; zusätzliches Gepäck für mehrtägige Touren: Thermomatte, Schlafsack, Waschzeug, Proviant.

Typische Elsässer Verpflegung: Zwiebeltorte mit neuem Wein.

Geeignete Kleidung
Je nach Wetterlage bequeme Hemden aus Baumwolle, Pullover mitnehmen und Regenschutz. Günstig wäre eine Hose mit weichem Ledereinsatz (Gamsleder), der Wundscheuern verhindert. Socken ebenfalls aus Baumwolle und bequeme Schuhe mit einem kleinen Absatz, damit man auch mal eine Strecke zu Fuß gehen kann. Wer sich im Sommer für ein Rennfahrertrikot entscheidet, sollte darauf achten, daß stets die Nieren bedeckt sind. Bei längeren Talfahrten auch im Hochsommer den Oberkörper gut bedecken: Gefahr der Auskühlung! Gegen die Sonne schützt eine Stoffmütze; besser für die Sicherheit ist allerdings ein Radfahrerhelm. Radfahrerhandschuhe und Sonnenbrille sollten ebenfalls mit auf die Tour genommen werden. Bei Nachtfahrten oder in der Dämmerung schützen reflektierende Arm- und Fußbänder zusätzlich. Grundsätzlich sollte die Kleidung der Radfahrer aus Sicherheitsgründen besser bunt und leuchtend sein als grau und gedeckt. Regenumhang in Gelb oder Orange wählen.

Verpflegung
Der richtige Proviant für unterwegs sind Obst (Äpfel, Bananen), Müsli-Riegel oder ein kleines Lunchpaket vom Frühstücksbuffet des Hotels (wenn möglich mit Vollkornbrot); Getränke für unterwegs: Mineralwasser (ohne Kohlensäure), Vitamin- und Energy-Drinks. Messer und Gabel mitnehmen, evtl. auch Trinkbecher oder kleines Glas. Für die Brotzeit oder das Picknick unterwegs kann überall im Elsaß sehr gut eingekauft werden (vor allem Käse, Salate und herrliche Pasteten), sogar am Sonntagvormittag. Dafür sind die meisten Geschäfte (außer Supermärkte) am Mo geschlossen. Geschäftszeiten Di–Sa: 9–12.30 (13) Uhr, 15–19 Uhr; die großen

Supermärkte (Mammouth, Leclerc, Carré four etc.) haben durchgehend geöffnet; Bäckereien (Boulangerie) öffnen bereits um 7 Uhr.

Essen, Trinken und Schlafen unterwegs

Übernachtungen

Das Elsaß bietet eine breite Palette von Unterkunftsmöglichkeiten, vom Luxushotel bis zum Privatzimmer. Dabei sind die Hotelpreise günstiger als in Deutschland, Österreich oder der Schweiz. Einen Hotel-Führer (Guide des hôtel-restaurants) können Sie anfordern bei: *Tourisme Alsace, BP 357, 68006 Colmar Cedex - France.*
Eine weitere Übernachtungsmöglichkeit sind die Gästezimmer auf dem Land oder Ferienwohnungen etc. Informationen und Buchungen für Gites de France bei: *Gites de France - Relais Départmental du Tourisme Rural.*
Bas-Rhin (Unterelsaß): Service Loisirs-Accueil, 7, place des Meuniers, 67000 Strasbourg, Tel. 88 75 56 50.
Haut-Rhin (Oberelsaß): Service Loisirs-Accueil, 1, rue Schlumberger, 68006 Colmar, Tel. 89 20 10 62.
Immer beliebter werden preiswerte Übernachtungen auf Bauernhöfen, sog. Fermes-Auberges, die auch bewirtschaftet sind. Liste der Fermes Auberges:
Bas-Rhin (siehe Gites de France)
Haut-Rhin: Association des Fermes-Auberges, BP 371, 68007 Colmar Cedex, Tel. 89 20 10 60.
Das Elsaß verfügt z.Zt. über 107 Campingplätze, die von 1–4 Sterne eingestuft werden. Broschüre »Camping caravaning« bei Tourisme Alsace (siehe oben oder Auskunft). Außerdem werden für Jugendliche, Familien, aber auch Einzelreisende eine Reihe von Jugendherbergen, Feriendörfer etc. angeboten. Infos bei *Accueill jeunes Alsace, Tel. 88 24 03 09 und Villages Vacances Familles, 7, quai Charles Altorffer, 67000 Strasbourg, Tel. 88 22 24 44.*

Bewirtungen

Die Elsässer Gastronomie gehört zur besten in Frankreich. Das Angebot ist phänomenal - von einer einfachen aber sehr guten Mahlzeit in einer Ferme-Auberge (Bauernhof) oder Winstub bis zum feudalen und sündhaft teuren Drei-Sterne-Tempel. In den meisten Restaurants kann mit Kreditkarte bezahlt werden. Viele Lokale haben am Sonntagabend und Montag geschlossen. Und noch eine Grundregel der Höflichkeit: Beim Betreten des Restaurants immer die Bedienung nach einem Tisch fragen. Daß man sich einfach irgendwo dazusetzt, kennt man in Frankreich nicht.

Reiseapotheke

In die Reiseapotheke für Radtouristen gehören: Pflaster, Kompressen, Mull- und elastische Binden, Leukoplast, Dreieckstuch, Desinfektionsmittel, Insektenstichlotion, Salbe für Zerrungen, Blutergüsse und sonstige Sportverletzungen, Aspirin, Kohletabletten.

Wichtige Adressen

Auskunft/Information (schriftlich)
Tourisme Alsace, Centre Régional de Documentation, BP 357, F-68006 Colmar Cedex;

Für das nördliche Elsaß: *Office Départementale du Tourisme du Bas-Rhin, 9, rue du Drôme, BP 53, F-67061 Strasbourg, Tel. 88 32 17 77, Fax 88 75 67 64.*
Für das südliche Elsaß: *Association Départmentale du Tourisme du Haut-Rhin, Maison du Tourisme, 1, rue Schlumberger, F-68006 Colmar Cedex, Tel. 89 20 10 68 und 89 22 68 00, Fax 89 23 33 91.*
In Deutschland: *Französisches Fremdenverkehrsamt - Maison de France, Westendstr. 47, 60326 Frankfurt/Main, Tel. 069/75 60 83 27.*
In Österreich: *Hiltoncenter 259 C, Landstrassener Hauptstr. 2a, 1010 Wien, Tel. 1/7 15 70 62.*
In der Schweiz: *Löwenstr. 59, 8000 Zürich, Tel. 1/22 21 35 78.*
Konsulate:
Generalkonsulat der Bundesrepublik Deutschland, Außenstelle Straßburg, 15, rue des Frans-Bourgeois, 67000 Strasbourg, Tel. 88 32 61 86.
Österreich: Consulat Général d'Autriche, 29, avenue de la Paix, 67000 Strasbourg, Tel. 88 35 13 94.
Schweiz: Consulat de Suisse, 11, boulevard du Président Edwards, 67000 Strasbourg, Tel. 88 35 00 70.

Notruf

Feuerwehr (pompiers): 18
Notarzt - SAMU: 15
Polizei (police): 17

Sprache

Bei der Verwendung der Ortsnamen wurde die im deutschen Sprachgebrauch jeweis gängigere Version ausgewählt, z. B. Straßburg statt Strasbourg, aber auch Wissembourg statt Weißenburg.

Kartensymbole

Kloster
Klosterruine
Kirche, Münster
Ausssichtspunkt
Schloß, Burg
A Anfang der Tour
E Ende der Tour

Bildnachweis:
Manfred Braunger, Freiburg: S. 11 (2 Abb.), 12, 36, 41, 53, 55, 57, 58, 65, 74, 80, 84, 88, 91, 92, 96, 101, 102, 113;
alle anderen Abbildungen stammen von Norbert Lewandowski, München

Ortsregister (Geradestehende Ziffern verweisen auf Texterwähnungen, kursive auf Abbildungen)